101가지
쿨하고 흥미진진한
문화유산 이야기

어떻소? 악보 읽기가 한결 쉽지 않소?

이 책만 있으면 어떤 악기든 금세 배우겠구려!

101가지 쿨하고 흥미진진한 문화유산 이야기

글 한주, 윤지웅 ● 그림 신지혜 ● 감수 최승규

왕족처럼 우아하게~

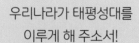
우리나라가 태평성대를 이루게 해 주소서!

유아이북스

들어가며

    문화유산은 오래전부터 지금까지 이어져 온 위대한 역사의 흔적이라고 할 수 있어. 먼 옛날부터 사람들은 다양한 것을 만들어 왔고, 그렇게 만들어 온 것들이 오랜 시간이 흘러도 가치를 인정받을 만큼 훌륭하다는 의미니까 말이야.

    이 책에는 선조들이 남겨 준 위대한 문화유산 101가지를 정리해 두었어. 101가지의 문화유산을 알아 가다 보면 자연스럽게 그때 그 시대를 여행하는 기분을 느끼게 될 거야. 문화유산과 함께 떠나는 시간여행! 어때, 흥미진진하겠지? 지금 바로 떠나볼까?

작가 한주

　　이 책은 교과서에서 미처 다루지 못한 다양한 문화유산에 대한 이
야기를 들려준다. 책장을 넘기다 보면 따로 공부를 하지 않아도 역
사 지식을 쌓을 수 있을 거야. 또한 다채롭고 흥미로운 문화유산들을
통해 우리나라에 대한 자부심이 생기는 건 물론, 그동안 몰랐던 명소
들도 발견할 수 있지. 자, 과연 어떤 문화유산들이 우리를 기다리고
있을지 기대되지? 얼른 다음 장으로 가서
하나씩 만나보도록 하자!

작가 윤지웅

1장 · 그림과 글로 보는 문화유산

2장 흥을 부르는 문화유산

3장 걸음을 이끄는 문화유산

5장 생활 속의 문화유산

── 일러두기 ─────────────────────────────────────

* '문화재'라는 표현을 '국가유산'으로 대체하는 법안이 추진되고 있으나, 이 책에서는
  현재의 표기법에 따라 '문화재'로 사용하였습니다.

1장

그림과
글로 보는
문화유산

경국대전
어지러운 조선의 법을 정리하다

법을 여섯 종류로 나누고
잘못된 법은 바로 고쳐서
조선 최고의 법전을
만들 것이니라!

세조

경국대전

　지금 우리 사회에 법이 있는 것처럼, 조선시대에도 법이 있었겠지? 조선 최고의 법전은 '경국대전'이야. 경국대전은 세조가 왕이 되었을 때부터 만들기 시작했는데, 완벽하게 완성되기까지 무려 30년이 걸렸다고 해. 30년 동안 여러 왕이 대를 이으며 검토에 검토를 거쳐 조선 최고의 법전을 만들 수 있었던 거지. 경국대전은 여섯 종류의 법으로 나뉘어. 각각 나라의 행정, 경제, 예절, 군사, 형벌, 건축 등과 관련된 내용을 다루었어. 1485년 이후, 경국대전은 무려 몇백 년 동안이나 조선의 법전으로 자리 잡았지만, 시간이 지나 사람들의 생활과 환경이 바뀌면서 더 이상 쓰이지 않게 되었지. 비록 그 쓰임은 다했지만 경국대전은 여전히 국립중앙박물관에 보관되어 선조의 지혜를 엿볼 수 있는 중요한 문화유산으로 존재한단다. 조선 최고의 법전, 경국대전! 이름만 들어도 마음이 웅장해지는 것 같지 않니?

002 국채보상운동 기록물
전 국민이 참여한 빚 갚기

일제 강점기가 시작되기 전부터 일본은 우리나라를 지배하기 위해 몇 년에 걸쳐서 우리나라의 정치에 간섭했어. 당시 우리나라가 일본에게 빚을 진 상태였는데, 그 이유로 일본은 우리나라의 일에 계속 관여를 했던 거지. 이에 분노했던 국민들이 다 같이 힘을 합쳐서 빚을 갚으려 한 사건이 있는데, 이 일을 '국채보상운동'이라고 해. 그리고 이 과정을 자세히 기록한 것이 국채보상운동 기록물이란다.

국채보상운동의 시작은 1907년으로 거슬러 올라가. 대구 광문사의 부사장인 서상돈이 특별 회의를 열어 사람들에게 말했지. "현재 전 국

민이 나라의 빚인 1300만 원을 갚아야 하니, 담배를 세 달간 끊어 아낀 담뱃값으로 나라의 빚을 없앱시다." 그리고 제일 먼저 800원을 내자 사장인 김광제는 세 달 담뱃값인 60전과 10원을 냈어. 회의에 참석한 사람들도 저마다 돈을 내기 시작했지. 김광제와 서상돈은 국채보상운동을 알리는 글을 썼고, 이 글이 신문을 통해 퍼지면서 전 국민이 돈을 모으기 시작했단다.

나라가 떠들썩하니 당연히 일본의 귀에도 국채보상운동에 대한 이야기가 들어갔겠지? 일본은 국채보상운동을 중단시키기 위해 대한매일신보사를 이끄는 양기탁과 영국인 베델에게 국채보상운동으로 모인 3만 원을 마음대로 썼다는 누명을 씌워 감옥에 보냈어. 결국 국민들은 이 소식에 흔들리게 되었고, 점차 가지고 있던 돈을 내지 않게 되었다고 해.

물론 너무 아쉽게 끝나기는 했지만, 2000만 국민이 힘을 합쳐서 나라를 지키려고 했다는 것만 해도 매우 자랑스럽고 대단하지 않니? 일본의 방해만 없었다면 분명 국채보상운동이 성공했을 거라고 생각해! 국민들의 노력을 고스란히 담은 국채보상운동 기록물은 그 가치를 인정받아 유네스코 세계기록유산으로 등재되었어.

003 금강전도
우리의 자연을 담은 그림

우리의 문화유산 중에 금강산의 모습을 직접 보고 그린 그림이 있어. 화가 정선이 그린 '금강전도'가 그 주인공이야. 사실 정확하게 말하자면, 금강산 전체를 그린 건 아니고 금강산의 서쪽 지역인 '내금강'을 그린 산수화야.

금강전도는 1734년에 완성되었는데, 당시에 자연의 모습을 이렇게까지 자세하게 표현한 그림은 찾아보기 힘들었대. 그때만 해도 우리 산수화는 중국의 산수화를 비슷하게 베껴서 그린 그림이 대부분이었는데, 금강전도가 완성된 이후로는 우리 고유의 산수화가 점차 발전하게 되었지.

　금강전도는 내금강을 위에서 아래로 내려다보고 그린 그림이야. 그래서 붓을 'ㅅ'자로 움직이면서 그렸고, 이 독특한 기법은 금강산의 가파르면서도 높은 봉우리의 모습을 잘 나타내 주었어. 그림에는 높은 산들이 빼곡히 있어서 얼핏 보면 황량해 보이기도 해. 하지만 간간히 보이는 나무들의 모습과, 수많은 나무로 이루어진 왼쪽의 숲을 보면 내금강이 얼마나 아름답고 화려한지 깨닫게 해 주지. 내금강의 아름다운 모습을 담은 정선의 금강전도는 미술관에서 잘 보관하고 있기 때문에 찾아가면 직접 감상해 볼 수도 있단다.

004 금보
더 쉬운 악보가 필요해!

많은 친구들이 '악보'를 본 적이 있을 거라고 생각해. 피아노를 연주하거나 노래를 부를 때 악보를 보곤 하잖아? 배우지 않아도 악보만 보고 연주하는 사람을 보면 멋져 보이기도 하지. 그런데, 오래전 조선시대에도 악보가 있었다는 사실을 아니? 옛날에도 연주할 수 있는 악기는 다양했고, 그 악기들을 연주하기 위해 필요한 악보가 있었지. 조선시대의 악보는 '금보'라고 한단다.

금보는 안상이라는 사람이 처음 만든 악보로, 안상금보 또는 금합자보라고 부르기도 해. 안상이 금보를 왜 썼는지 알려면 우선 그가 무슨 일을 했는지 알아야 해. 안상은 궁중 음악과 관련된 모든 일을 맡았던 곳인 '장악원'에서 일했어. 어느 날, 안상은 일을 하다가 악보를 보게 되었는데 악보가 너무나 어려운 거야. 그래서 처음 악기를 배우는 초보자들도 이해하기 쉬운 악보를 만들기 위해 다른 사람들과 함께 금보를 쓰기 시작했어.

금보에는 거문고를 비롯한 각종 악기들의 사용법이 있단다. 또한 거문고 악보뿐만 아니라 장구, 북, 비파 악보까지 모두 그림으로 그려져 있어서 초보자도 쉽게 악기를 다룰 수 있게 해 주었지.

❖ **99퍼센트가 모르는 문화유산 지식** ❖

1592년에 임진왜란이 일어났는데, 이때 금보가 사라졌었다고 해. 1945년에 발견된 이후, 필사본으로 연구되어 오다가 문화재 보물로 지정되었지. 지금은 간송미술관에서 보관하고 있단다.

김홍도의 '씨름'
그림에 담긴 전통 스포츠

씨름하면 떠오르는 것들을 생각해 보렴. 샅바? 모래밭? 천하장사 출신으로 유명한 방송인 강호동이 떠오를 수도 있을 거야. 그리고 씨름하면 빼놓을 수 없는 그림이 하나 있지. 혹시 알고 있니? 바로 단원 김홍도가 그린 유명한 그림, '씨름'이야.

단원 김홍도는 조선시대 풍속화가로 유명했던 사람이야. 그의 그림

중에서도 이 작품은 서민들이 즐겨하는 놀이를 아주 자세하게 표현한 그림이지.

그림 속 장면에서는 가운데 두 명의 남자가 서로를 붙잡고 씨름을 하는데 왼쪽에 있는 남자가 오른쪽의 남자를 뒤집으려고 하고 있어. 이때 구경꾼들의 얼굴 표정이 재미있단다. 놀란 얼굴도 있고, 누구를 응원하는지에 따라 안타까워하는 표정과 웃음을 짓는 표정으로 반응이 나뉘지. 이렇게 씨름을 하고 있는 두 남자를 중심으로 빙 둘러앉은 사람들 가운데 엿장수만 씨름에 관심이 없는지 먼 산을 쳐다보며 엿을 팔고 있어. 사람들의 옷 주름부터 땅바닥에 어질러진 두 씨름꾼의 신발, 다양한 표정, 생동감 넘치는 승부의 순간 등 그림이 매우 현실적으로 그려져 있어. 그래서 보는 이로 하여금 그림 속에 함께 있는 것 같은 느낌을 주고 있지.

김홍도는 왕의 초상화를 그리면서 왕의 인정을 받게 되었어. 또한 나라에 필요한 그림은 물론이고 풍속화인 씨름, 서당, 빨래터 등도 그리면서 양반, 백성들의 마음까지 사로잡았다고 해. 이후 총 25개의 그림으로 된 '김홍도필 풍속도 화첩'을 남기며 화원이 된 후배들에게 많은 영향을 끼쳤고, 지금까지 오랜 시간 우리에게 많은 영향을 주고 있어.

난중일기
일기로 보는 임진왜란

아무리 생각해도 어제는 날이 흐려 어깨가 쑤셨던 기억만 나는구나.

누가 내 일기를 볼 것도 아닌데 그대로 쓸까….

　이순신 장군을 모르는 친구들은 없겠지? 1592년 임진년에 일본이 조선을 침략했는데, 그 전쟁의 위기에서 희망을 보여 준 사람이 바로 충무공 이순신 장군이야. 그는 임진왜란이 일어난 1592년부터 전쟁의 실상을 낱낱이 기록했는데, 이 일기를 '난중일기'라고 해.

　난중일기는 임진왜란이 일어난 1592년부터 시작해서 이순신이 사망한 1598년까지 총 8권으로 쓰였어. 하지만 현재 우리가 보관하고 있는 것은 사라진 한 권을 뺀 일곱 권이야. 난중일기는 '일기$_{日記}$'인 만큼 거의 매일매일의 이야기가 담겨 있어. 날씨나 병사들의 사기, 전쟁 중의 의식주, 장수 및 병사들과의 관계, 전쟁 상황 등 전쟁과 관련된 내용과 더불어 친척들과의 관계, 궁궐에서 온 글, 자신의 몸 상태, 독서, 놀이 등 개인적인 내용도 있지. 덕분에 임진왜란과 관련된 구체적인 역사적 사실은 물론이고 전쟁 상황에 따른 이순신의 감정과 생각, 취미, 성격이 어땠는지까지 알 수 있단다.

또, 임진왜란을 겪는 동안 함께 싸웠던 장수들과의 관계도 자세하게 나와 있는데, 특히 원균에 대한 내용이 많이 적혀 있어. 안타깝게도 나쁜 평가가 대부분이었는데, 원균을 향한 비판과 비난만 30회가 넘고 성격이 이상하고 뇌물을 받았다는 기록도 있대. 반대로, 이순신이 가장 신뢰한 장수도 적혀 있었어. 바로 '징비록'을 쓴 류성룡이야. 난중일기에는 류성룡에 대한 내용도 있는데 오로지 칭찬뿐이라고 해.

❖ 99퍼센트가 모르는 문화유산 지식 ❖

이순신 장군이 세상을 떠난 뒤, 주인을 잃은 난중일기는 어떻게 되었을까? 전쟁이 끝나면서 후손들이 보관했고, 정조 때에는 난중일기의 내용을 활자로 복사해서 전서본을 만들었다고 해. 그리고 지금까지 우리들에게 많은 역사적 교훈을 주고 있지.

대동여지도
조선 최고의 지도

사람들이 지도로
세상을 보고

김정호

지지(地誌)로
삶을 볼 수 있게끔
대동여지도를 만들자!

　오늘날에는 지구본이나 인터넷 등을 통해 찾아보고 싶은 곳의 지리나 위치를 쉽게 찾을 수 있어. 마음만 먹으면 우리나라뿐만 아니라, 전 세계 곳곳의 지도를 찾아볼 수 있지. 그렇다면 조선시대에는 어땠을까?

　조선시대에도 지도가 있긴 했어. 하지만 정확하지 않았기 때문에, 지도를 봐도 길을 헤매거나 다치기 일쑤였지. 이 사실을 안타까워한 사람이 있었는데, 그가 바로 지리학자 김정호야. 김정호는 18살 때부터 지도와 지지(어떤 지역의 자연·인문 현상을 설명한 책)에 관심을 가지기 시작했어. 그는 지도로 천하를 볼 수 있고, 지지로 문화와 법을 볼 수 있다고 믿었지. 1861년에 완성된 '대동여지도'는 김정호가 만든 수많은 지도와 지지의 집합체라고 할 수 있단다. 그는 대동여지도를 목판 하나하나에 새겼는데, 그 개수는 무려 126개이고 전체 크기는 세로 6.6미터, 가로 4미터에 달한대. 조선시대 최고, 최대의 지도인 거야.

대동여지도는 10리마다 점을 찍어 여행할 때 쉽고 편하게 볼 수 있도록 만들었어. 강이나 바다에는 파란 줄을 그었고 산줄기는 굵은 줄로, 높은 산은 위로 솟은 톱날 모양으로, 성은 빨간 테두리로 그리는 등 김정호의 섬세함과 지도에 대한 사랑을 엿볼 수 있지. 이러한 그의 노력으로 대동여지도가 탄생한 뒤, 조선시대의 지도는 급격히 발전할 수 있었단다.

008 독립신문
최초의 한글 신문

신문은 사회적인 이슈나 사건 사고 등의 사실 정보를 전달하는 정기 간행물이야. 예전에는 신문을 받아 보는 집이 많아서 새벽마다 집 앞에 신문이 배달되곤 했어. 하지만 요즘은 많은 사람들이 인터넷 뉴스를 애

독립신문 창간 논설

우리는 첫째 편벽되지 아니한고로
무슨 당파에도 상관이 없고
상하귀천을 달리 대접도 아니하고
모두 조선사람으로만 알고
조선만 위하여
공평히 인민에게 말할 것이다.

단어 사이를 띄우고 문장 끝에 점을 찍으니 한결 읽기 편하군!

용하는 편이라, 종이 신문을 받아 보는 집을 찾아보기 힘들지.

그렇다면 우리나라 최초의 한글 신문은 언제 만들어졌을까? 우리나라의 최초의 한글 신문은 1896년, 독립운동가 서재필이 만든 독립신문이란다. 독립신문은 순 한글 신문으로 영자판과 함께 발간되었지. 독립신문이 의미 있는 이유 중 하나가 바로 '띄어쓰기'인데, 한글이 창제되고 독립신문이 발행되기 전까지는 사람들이 한글을 쓸 때 띄어쓰기와 마침표를 사용하지 않았어. 한자처럼 쭉 이어서 쓴 거지. 하지만 독립신문이 지면에 띄어쓰기와 마침표를 사용하기 시작했고, 이것이 계기가 되어서 지금처럼 보기 쉬운 한글로 정착하게 된 거야.

많은 의미가 있었던 독립신문은 안타깝게도 그리 오래가지는 못했어. 많은 사람들이 독립신문을 이어가기 위해 애썼지만, 경제적 어려움 등 다양한 이유로 인해 결국 1899년 12월 4일자로 폐간되었어.

009 동궐도
조선에서 가장 미스터리한 그림

조선시대의 대표적인 궁궐인 창경궁과 창덕궁을 한 폭에 담아낸 그림이 있는데, 이 그림을 '동궐도'라고 해. 16첩에 궁궐의 모습이 모두 담겨 있는데, 이를 합쳐 보면 가로 약 6미터, 세로 약 3미터라는 어마어마한 크기의 그림이 되지. 그림의 오른쪽에는 창경궁이, 왼쪽에는 창덕궁이 있단다.

동궐도는 오른쪽 위에서 대각선으로 그리는 기법인 '평행사선 부감법'을 사용하였기 때문에 모든 건물이 자세하게 보여. 그래서 빈 공간이 있더라도 전혀 허전하지 않은 느낌을 주지. 또, 궁궐 안에 있는 모든 건물을 담아내기 위해 가느다란 붓으로 건물을 그리고, 빨간색으로 색을 입혀서 멀리서 보더라도 궁궐의 모습이 눈에 잘 띈단다.

가장 흥미로운 사실은 이렇게 거대하고 위엄 있는 그림임에도 불구하고, 누가 어떤 목적으로 그린 것인지 알 수 없다는 거야. 병풍으로 사용했었는지, 아니면 궁궐의 지도로 활용했는지, 궁궐의 현재 모습을 남기고 싶어서 그린 것인지 등 아무것도 밝혀진 게 없어. 도화서 화원들이 그렸을 거라고 추측하고 있지만, 사실 누구에 의해서 어떤 목적으로 동궐도가 탄생했는지는 아무도 몰라. 작은 도화지에 그린 것도 아니고 이렇게 크고 웅장하게 그렸는데 말이야.

15년이 걸려 드디어
동의보감을 완성했다!

허준

옛날 사람들은 어떻게 병을 진단하고 치료했을까? 조선시대에는 중국의 영향으로 대부분 한의학으로 병을 치료했어. 그래서 한자로 된 의학 서적으로 공부를 했지. 그러다 보니 해석에 따라 오해의 소지가 있는 내용이나 이해하기 어려운 내용들도 많았단다. 그래서 당시 왕이었던 선조는 허준에게 "중국과 우리나라의 한의학 서적을 하나로 모은 의

학 백과사전을 만들라"라고 명을 내렸어. 이 백과사전이 바로 현재까지도 최고의 한의학 서적으로 평가받고 있는 '동의보감'이야.

다른 의관들과 함께 시작했지만 정유재란이라는 큰 전쟁이 일어나면서 결국 허준 혼자서 동의보감을 쓰게 되었어. 그런데, 허준이 동의보감을 집필하던 중 안타까운 상황이 일어나고 말아. 1608년, 선조는 갑자기 심해진 병으로 인해 세상을 등지고 말았어. 조정 신하들은 선조의 갑작스러운 죽음을 의원이었던 허준의 탓으로 몰아갔고, 결국 허준은 궁궐에서 쫓겨나 지방으로 유배를 가게 되었지. 하지만 그는 강인한 정신으로 유배지에서도 열심히 동의보감을 만들었고, 15년이라는 긴 시간 동안 총 25권의 동의보감을 완성해 냈어.

1609년 11월 22일, 다행스럽게도 광해군의 명령으로 허준은 자유의 몸이 되었어. 하지만 동의보감을 완성한 때로부터 5년 후에 77세의 나이로 세상을 떠났지. 비록 죽은 후였지만, 허준의 공이 뒤늦게 인정되어 정1품의 벼슬이 주어졌고 동의보감은 중국과 일본의 극찬을 받으며 수출되었어. 그리고 2009년에는 유네스코 세계기록문화유산으로 등재되었단다.

말모이 원고
최초의 국어사전

우리나라 최초의 국어사전은 무엇일까? 바로 '말모이 원고'야. 1911년 일제 강점기 시절, 우리나라의 국어인 한글을 사용하지 못하게 되자 주시경과 그의 제자들인 김두봉, 권덕규, 이규영은 국어사전을 만들기로 결심했어. 이들은 우여곡절 끝에 1916년에 말모이 원고를 완성하는 데 성공했어. 하지만 주시경이 갑작스런 죽음을 맞이한 데다, 김두봉이 일

제로 인해 상하이로 망명하게 되고 이규영까지 사망하면서 말모이 원고는 결국 책으로 나오지 못했지.

'말모이'는 말을 모아 만든다는 뜻으로, 앞표지에는 'ㅁㅏㄹㅁㅗㅣ'라고 풀어서 썼어. 표지부터 시작해 모든 부분을 직접 붓으로 썼기 때문에, 책의 맨 앞부분에는 오탈자를 가리기 위해 진하게 쓴 부분이 있어. 또, 잘못 기록했는지 글자 위에 '='표시로 선을 그은 흔적도 있지. 말모이 원고의 목차는 알기, 본문, 찾기, 자획 찾기로 되어 있지만 지금 우리에게 남아 있는 원고는 알기 2쪽, 본문 153쪽, 찾기 50쪽, 자획 찾기 26쪽이고 'ㄱ'부터 '걀죽'까지만 수록되어 있단다.

말모이 원고를 펼치면 바로 보이는 알기 부분을 조금 살펴볼까?

ㄱ. 이글은낱말을모고그밑에풀이를적음.
ㄴ. 낱말벌이놓은자리는「가나…하」의자리대로함.
ㄷ. 뜻같은말의몸이여럿될때에는다그소리대로딴자리를두되그가온대에가장흏이쓰이고소리좋은말밑에풀이를적음.

조금 이상하지? 띄어쓰기도 없고 중간 중간 맞춤법이 틀린 부분도 보일 거야. 더욱 놀라운 사실은 알기 부분이 아닌 본문에도 띄어쓰기가 없다는 사실이야. 100년 전에는 한글의 문법이 완성되지 않았다는 사실을 말모이 원고 하나만으로도 알 수 있어.

말모이 원고는 일제 강점기에 우리말을 지키려고 했던 노력의 증거로, 책으로 나오지 못한 원고라는 점에서 우리의 마음을 아프게 해. 우리 선조들이 온 힘을 다하여 지키려고 했던 우리말, 지금 이 순간 우리말이 소중하게 여겨지지 않니?

012 미인도
양반 대신 기생을 그리다

조선시대를 대표하는 유명한 화가로 세 명을 꼽을 수 있어. 겸재 정선, 단원 김홍도 그리고 혜원 신윤복이 그 주인공이지. 앞에서 정선의 '금강전도'와 김홍도의 '씨름'을 알아보았으니, 이번에는 신윤복의 그림을 살펴볼까 해.

신윤복은 김홍도와 마찬가지로 사람들의 일상을 그리는 풍속화가야. 그중 기생을 주인공으로 그린 '미인도'는 그의 대표작 중 하나란다. 미인도는 대개 양반집 딸이나 양반의 아내, 왕족 중 여성을 주인공으로 그렸어. 이러한 사회적 분위기에서 기생을 주인공으로 한 신윤복의 미인도는 유명세를 타기에 충분했지. 미인도 속 기생은 가지런히 정리한 머리카락 위에 검은색 가채를 쓰고 있어. 오른쪽에는 붉은색, 보라색 검은색의 댕기가 보이고 그 반대로 왼쪽 귀는 내놓은 모습이야. 넓은 이마와 긴 눈썹, 큰 눈과 작고 붉은 입술은 당시 조선시대 미인의 기준을 추측할 수 있게 해 줘.

신윤복은 미인도 외에도 많은 풍속화를 그렸는데, 그 개수가 무려 30점이나 되었어. 신윤복의 그림을 보면 섬세한 그림체와 다양한 색을 쓰는 것을 좋아한다는 특징이 보이지. 그뿐 아니라, 그림을 통해 당시 조선시대의 사회를 비판하고 풍자했다는 것도 알 수 있어. 또한 신윤복의 그림들을 천천히 살펴보면 유독 남녀 한 쌍이 그려져 있는 그림이 많은데, 이런 걸 보면 아마 신윤복은 로맨티스트가 아니었을까 싶어.

013 삼국사기
세 나라의 이야기를 하나로!

이 모든 걸
삼국사기에 담자!

김부식

어느 날, 왕이 신하를 불러 명했어.

"그대는 지금부터 성심을 다해 지난 시대에 관한 책을 집필하라!"

"예, 성심을 다해 명하신 책을 완성하도록 하겠나이다."

책을 쓰라고 한 왕은 고려의 인종이야. 그리고 그 명령을 받은 신하는 당시 유학자였던 김부식이었지. 김부식은 자신과 친한 내시, 낭사(왕이 잘못된 말이나 일을 했을 때 지적해 주는 관리) 등 10명을 더해 총 11명의 인

원으로 삼국사기를 완성했어. 삼국사기는 삼국의 역사를 정리한 문헌이기 때문에 수많은 정보가 들어가야만 했어. 그래서 이 정보들을 '본기', '열전', '연표', '지'로 나누어 각 주제에 맞게 잘 정리했단다.

먼저, '본기'는 왕의 역사를 기록한 거야. 그래서 왕의 새로운 정책, 외교, 과학 발전, 천재지변이 일어났을 때 지내는 제사, 전쟁에 어떻게 대처했는지 등에 대한 내용이 나와 있지. 본기는 삼국에 맞춰 신라본기 (12권), 고구려본기(10권), 백제본기(6권)로 나누어 썼어.

'연표'는 중국 시간을 기준으로, 삼국 역대 왕들의 재위 기간을 표로 정리한 거야. 하지만 연표에 들어가지 않은 왕도 많다고 해. 연표는 총 3권으로 구성되어 있단다.

'열전'은 총 10권으로, 신라의 화랑을 이끈 김유신에 대한 내용만 무려 세 권이야. 남은 일곱 권에는 68명의 영웅들에 대한 이야기가 빼곡히 들어가 있는데, 역시 연표처럼 정리만 되어 있고 내용이 적지.

'지'는 삼국의 문화와 제도 등을 정리한 것인데 1권은 제사와 노래, 2권은 옷과 수레, 말, 그릇, 집 등 백성들의 문화를 중심으로 적혀 있어. 3권부터 6권까지는 삼국의 지도가 있고 7권부터 9권까지는 삼국의 관직이 있지. 이처럼 삼국사기는 삼국의 역사뿐만 아니라 문화까지 정리한 책이었다고 볼 수 있단다.

❖ **99퍼센트가 모르는 문화유산 지식** ❖

삼국사기의 원본은 없어졌지만, 원본의 내용을 똑같이 쓴 것 중 가장 오래된 목판본이 보물로 지정되어 있어.

삼국유사
역사 속 불교를 말하다

삼국유사엔 불교 얘기가 많구나.

삼국사기에는 없는
고조선 이야기도 있어!

삼국사기와 쌍벽을 이루는 역사책이 있어. 이름마저도 비슷한 '삼국유사'야. 그런데 삼국유사에는 삼국사기에서 찾아볼 수 없던 내용들이 많이 담겨 있단다. 과연 어떤 내용이 있는지 한번 알아볼까?

삼국유사의 내용은 불교와 관련된 기록, 삼국의 신화, 설화, 문화가 대부분이야. 물론 이 내용들만 있는 건 아니지. 총 5권으로 이루어져 있는데, 차례로 간단히 설명해 볼게. 1권의 '왕력'은 중국의 시간을 기준으로, 삼국의 시작과 끝을 간단하게 적은 기록이야. 여기에 신라와 고구려의 건국 신화에 대한 내용이 들어가 있고, 이를 통해 삼국유사의 내용에는 신화와 설화가 있다는 걸 알 수 있어. 1권부터 2권까지 이어진 '기이'는 고조선의 건국 신화부터 고려 건국까지의 내용이야.

3권의 '흥법'에는 삼국에 불교가 어떻게 퍼졌는지 설명해 주고 있어. 그리고 '탑상'에서는 불교를 믿은 삼국이 어떤 문화유산을 세웠는지에 대해 말하고 있지. 삼국유사를 만든 사람은 일연이라는 승려인데, 3권을 보면 확실히 불교와 관련된 내용이 많다는 것이 느껴져. 4권에도 불교를 오랫동안 믿은 승려들에 대한 얘기들로 가득해. 5권도 마찬가지로 승려들의 유명한 이야기나 불교의 설화와 신화가 있어.

삼국유사는 삼국의 문화인 불교에 대해 자세하게 설명해 놓은 매우 중요한 문헌으로 평가받고 있어. 그리고 우리 역사이지만 삼국사기에는 나와있지 않은 '고조선'이 등장했다는 것만으로도 역사적 가치가 높은 문화유산이란다.

비록 일연이 쓴 삼국유사의 원본은 찾을 수 없지만, 일연의 제자와 후대 사람들이 삼국유사의 내용과 똑같이 기록한 책들이 현재 국보와 보물로 지정되어서 고려대학교, 연세대학교, 서울대학교 등에서 관리하고 있어.

조선왕조실록은 우리 역사에서 아주 중요한 문헌이야. 그런데 조선왕조실록만큼 중요한 문헌이 또 있는데, 그게 바로 '승정원일기'란다. 승정원일기는 조선시대부터 대한제국에 이르기까지 왕의 명령과 국가의 일을 일기처럼 기록한 것인데, 1623년부터 1894년까지 하루도 빠지지 않고 기록하다 보니 총 3243권이라는 어마어마한 양이 되었지.

승정원일기는 왕의 명령이 담긴 국가의 극비 자료이기 때문에, 절대로 그 내용이 밖으로 새어 나가서는 안 돼. 한 달 치의 일기가 완성되면 왕에게 보여 주고, 왕이 허락하면 승정원에 보관했지.

그런데 이 귀한 일기는 여러 번의 전쟁과 화재로 인해 불타고 말았어. 조선시대 수많은 왕들이 승정원일기를 복구하고자 열심히 노력했지만, 결국 우리에게 남아 있는 승정원일기는 단 한 권뿐이란다. 너무나 안타까운 일이지. 그럼에도 승정원일기는 역사적 가치가 매우 높고, 우리에게 너무나 소중한 유산인 것은 틀림없어.

❖ 99퍼센트가 모르는 문화유산 지식 ❖

지금 남아 있는 한 권은 1999년 4월 9일 국보로 지정되었고, 세계에서 제일 긴 문헌임을 인정받아 2001년 9월에 유네스코 세계기록유산에 등재되었단다.

016 용비어천가
최초의 K-POP은 무엇일까?

방탄소년단, 블랙핑크라는 이름만 들어도 저절로 노래가 떠오르지? 현재 우리나라의 가요, 일명 K-POP은 전 세계에서 큰 사랑을 받고 있

뿌리깊은 나무는
바람에 아니 흔들리므로…

세종대왕

용비어천가의
노랫말은 책으로
열 권이나 된대!

어. 그렇다면 언제부터 K-POP이 시작되었을까? 최초의 K-POP, 즉
처음 한글로 만들어진 노래가 나온 것은 세종대왕 시절이야. 당대 최고
의 학자들이 모여 심사숙고한 끝에 탄생한 최초의 한글 노래가 바로 '용
비어천가'란다.

용비어천가를 만든 이유는 가사 안에 잘 드러나 있어. 조선이라는 나
라를 세운 이들에 대한 업적을 찬양하고, 조선의 영원한 영광을 위해서
는 왕의 도덕과 사람과 나라 등 모든 것을 바르게 경계하라는 뜻을 담고
있지. 그 내용이 무려 125장의 한글 가사로 이루어져 있고, 1권부터 10
권까지의 책으로 정리되어 있다고 해. 어때, 우리가 지금 알고 있는 노
래들에 비하면 엄청난 양이지?

인왕제색도
안개를 그린 신기한 그림

비가 그치고 드러난 인왕산의 모습…
집과 나무를 가린 자욱한 안개…
내 두 눈으로 본 풍경을 화폭에 담자!

정선

비가 온 다음 날, 안개가 자욱하게 깔린 장면을 본 적이 있니? 마치 하늘의 구름이 땅에 내려앉은 듯한 느낌이라 묘한 분위기를 만들어 내곤 하지. 오래전 조선시대에는 그 묘한 분위기를 그림으로 담아내던 작가가 있었어. 바로 겸재 정선이 그 주인공이야. 정선은 비가 그친 인왕산에 안개가 자욱한 모습을 '인왕제색도'라는 그림으로 담았어. 산 아래와 그림의 오른쪽 아래에 보이는 집 옆에 자욱한 안개를 표현하고, 인왕산의

들과 나무를 위쪽으로 솟구치게 그린 풍경이 아주 인상적인 작품이지.

　인왕제색도에서 '인왕'은 경복궁 서쪽에 있는 높이 338미터의 인왕산을 뜻하고, '제색'은 비가 온 후의 막 갠 풍광을 뜻하는 말이야. 많은 풍경화가 있지만 특히 정신이 그린 인왕제색도는 국보로 지정될 만큼 높이 평가되고 있어. 그 이유가 무엇일까? 그 무렵의 산수화는 중국의 것을 모방해 그린 것이 많았는데, 정선이 그린 인왕제색도는 그가 직접 인왕산을 보고 그렸기 때문이야. 그래서 역사적 가치가 매우 높은 거란다.

018 일성록
남이 써 주는 일기

　매일 일기 쓰기는 정말 좋은 습관이야. 하루를 돌아보고 글로 정리하는 습관은 정서에도 좋고, 글쓰기 실력을 기르는 데도 큰 도움을 주거든! 조선시대, 이 좋은 습관이 몸에 밴 왕이 있었어. 그 주인공은 바로 정조야. 정조는 세손 시절 논어에서 증자가 말한 "나는 날마다 세 가지 기준을 가지고 스스로에 대해 반성한다"라는 구절에 큰 감명을 받아서 매일 일기를 쓰기로 마음먹고 일기의 제목을 '존현각일기'라고 정했어. 이렇게 일기를 쓰는 습관은 즉위를 한 후에도 계속되었는데 왕이 되고서 여러 일로 바쁘다 보니 일기를 쓸 시간이 부족해졌지. 그러자 정조

일기는 매일 써야 하거늘,
너무 바빠서 쓸 시간이 없군.
그래, 신하들에게 쓰게 하자!

정조

는 규장각 관원들에게 왕의 정치를 중심으로 일기를 쓰라고 명령했어. 그리고 5일마다 직접 검토했다고 해. 이렇게 시작된 일기는 정조 대에서 끝나지 않고 대한제국까지 이어져 오게 돼. 권수만 해도 무려 2329권이라고 하니, 대단하지?

존현각일기에서 '일성록'으로 제목이 바뀐 것은 정조가 스스로 일기를 쓰지 못하게 된지 2년이 흐른 후였어. 정조는 규장각 신하들에게 승정원일기를 모태로 삼아 일기를 쓸 것을 명하면서 이름을 일성록으로 바꿨지. 이후 신하들은 1760년부터 날씨나 자연재해, 제사, 범죄자에 대한 처벌 등 여러 주제로 나누어 적었어. 그렇게 확실하게 체계가 잡힌 일성록을 매일 어떤 신하가 썼는지 꼭 적어야 했고, 완전한 국정 일기가 되었지.

일성록은 정조 후대의 왕들이 어떻게 나라를 다스려야 하는지 알 수 있는 교과서 같은 존재가 되었어. 조선왕조실록, 승정원일기와 함께 조선 왕조 3대 연대기로 꼽힐 정도로 말이야. 아까 일성록이 2329권이나 있다고 했잖아? 2015년에 2329권 중 677권의 번역을 마쳤단다. 그리고 전부 번역해 내는 데까지는 21년이나 더 걸릴 거라고 예상했지. 2015년에서 21년이 더 걸린다고 했으니, 2036년이 되어서야 전체 내용을 알 수 있다는 거야! 얼마나 많은 양인지 상상이 되니?

019 정몽주 초상
유언으로 시를 남긴 사람

이 몸이 죽고 죽어

일백 번 고쳐 죽어

백골이 진토 되어

넋이라도 있고 없고

임 향한 일편단심이야

가실 줄이 있으랴

이 유명한 시조는 바로 정몽주의 '단심가'야. 정몽주는 고려를 대표하는 충신으로, 조선을 세우려는 이성계 및 정도전과 가장 크게 대립한 인물이지. 하지만 결국 정몽주도 조선 건국을 막지는 못했어. 고려에 충성을 바쳤던 그는 선죽교에서 이방원(이성계의 아들)의 부하에게 철퇴를 맞아 죽었어. 앞서 적힌 시조를 마지막으로 죽음을 맞이했으니, 결국 단심가는 정몽주의 유언이 된 셈이지.

어때, 정몽주라는 사람이 궁금해지지 않니? 마침 정몽주의 모습을 그린 '정몽주 초상'이 있어! 정몽주의 초상화는 고려 말인 1390년에 그려졌단다. 너무 오래되어서 그런지 모르지만, 초상화의 원본은 찾을 수 없어. 하지만 원본을 그대로 그린 초상화가 세 개 있지.

첫 번째는 1555년에, 두 번째는 1629년에, 세 번째는 1735년에 그려졌어. 작품들의 사이에는 약 100년에 가까운 공백이 있었음에도 모든 초상화가 비슷하게 그려졌어. 마치 같은 작품이라고 할 만큼 말이야. 세 개의 정몽주 초상은 다행히 모두 박물관에 잘 보관하고 있어. 하지만 그중에 첫 번째 초상화인 1555년에 그린 작품은 작은 눈과 관모, 코가 크게 훼손되었어. 복원 작업을 할 수도 있지만, 위험성이 높아서 그대로 보관하고 있단다.

정몽주 초상은 고려시대의 초상화 연구에 도움을 줄 뿐만 아니라 고려를 대표하는 충신인 정몽주의 얼굴과, 고려 신하들이 입었던 옷까지 알 수 있어서 역사적인 가치가 큰 문화유산이야.

020 제왕운기
단군 신화와 발해는 우리 것!

1287년, 고려시대 문신 이승휴가 우리나라와 중국의 역사를 시로 표현한 책이 있는데 이 책을 '제왕운기'라고 해. 제왕운기는 상하권으로 이루어져 있고 상권은 중국 역사를, 하권은 우리나라의 역사를 기록했어. 이렇게만 보면 단순한 역사서로 보이지만, 제왕운기는 단군 신화와 고구려를 계승한 발해가 우리나라의 역사라는 것을 이야기해. 우리 민족

은 중국인과 다르고, 단군의 자손이라 적혀 있지. 이 부분은 큰 의미가 있어. 제왕운기가 완성되기 전까지 많은 사람들이 단군 신화는 신화일 뿐이고 발해는 우리의 민족이 아니라고 생각했거든.

제왕운기가 집필될 당시의 고려시대는 몽골의 침략을 받던 시기라 민족의식이 강하게 담겨 있기에 그 의미가 더 깊다고 할 수 있어. 몽골에 대항하는 의지를 제왕운기라는 책으로 간접적으로 드러낸 것이지. 아쉽게도 제왕운기의 원본은 지금 남아 있지 않아. 하지만 고려시대와 조선시대에 만든 목판본 제왕운기가 남아 지금까지 전해져 오고 있단다.

조선경국전
새 나라, 새 법을 세우다

태조 이성계가 조선을 세운 첫 번째 왕이라는 것은 누구나 알 거야. 그럼 조선을 세운 뒤, 이성계가 가장 먼저 한 일은 뭐였을까? 바로 새로운 수도에 성을 짓고 새로운 법을 만드는 일이었어. 이성계는 우선 수도를 한양으로 정하고 경복궁을 지었어. 그리고 법을 만들었지. 그런데 법이라는 건 상당히 어렵잖아? 그 어려운 법은 누가 어떻게 만들었을까?

조선이라는 나라의 법을 처음 정리한 사람은, 바로 정도전이야. 그는 태조 이성계와 함께 조선 건국의 일등공신이었지. 정도전은 1394년 5월 30일에 '조선경국전'이라고 이름 붙인 헌법을 이성계에게 바쳤어. 이성계는 조선경국전을 보고 크게 감탄하며 비싼 말과 무늬 있는 비단, 명주, 백은을 정도전에게 하사했다고 해.

조선경국전에는 새로운 조선을 어떻게 관리해야 하는가에 대한 내용이 담겨 있어. 서론에는 기자조선을 계승해 나라 이름을 조선으로 정했다는 내용, 왕위 계승은 왕의 친자식이나 현명한 자로 정해야 한다는 내용, 나라에 필요한 책들은 높은 수준을 가진 사람들만 만들어야 한다는 내용 등을 이야기했지. 본론에는 중국 주나라의 여섯 가지 법전을 조선에 맞게 바꾸었다는 내용과 각 헌법에 대한 자세한 내용들이 적혀져 있어. 관리를 뽑는 기준과 국가의 경제, 사회 질서 및 군사에 대한 내용까지도 찾아볼 수 있지.

조선경국전은 조선의 첫 번째 법전이면서, 조선 최고의 법전인 경국대전의 모태라는 점에서 역사적 가치가 매우 뛰어나. 법전은 보기만 해도 머리가 아플 것 같은데, 직접 만들기까지 했다니… 정말 대단하다는 말밖에 할 말이 없어.

'조선왕조실록'은 이름 그대로 조선을 다스린 왕들의 역사를 기록한 책이야. 조선왕조실록은 제1대 왕 태조부터 제25대 왕 철종까지, 472년 이라는 시간에 걸쳐 기록되고 보관되었지. 우리 역사에 절대 빠져서는 안 될, 아주아주 중요한 책이란다.

조선왕조실록은 누구의 편견도 담기지 않도록 객관적으로 쓰는 것이 원칙이라, 당사자인 왕도 절대 실록을 읽거나 수정할 수 없게 했어. 실록을 쓰는 사람도 실록의 내용을 철저히 비밀로 해야 했고, 이를 어길 경우 중죄로 다스렸다고 해. 이렇게 최선을 다해 객관적으로 쓰려고 한 이유가 무엇일까? 있었던 일을 사실 그대로 기록하여 후대가 역사를 평가하고 이를 바탕으로 더 나은 선택을 하기 위함이야.

하지만 이처럼 많은 이들의 노력과 정신이 담긴 조선왕조실록도 임진왜란을 피해 갈 수 없었어. 임진왜란 당시 실록은 여러 번의 위기를 맞았는데, 적과 화재로부터 실록을 지키려는 사람들의 노력을 통해 지금 우리에게까지 전해졌지. 오늘날 조선왕조실록은 인터넷으로도 쉽게 찾아볼 수 있단다.

❖ 99퍼센트가 모르는 문화유산 지식 ❖

완성된 실록을 훼손 없이 오래 보관할 수 있도록 하는 방법이 있었다고 해. 바로 3년에 한 번씩 사고(나라의 중요한 책을 보관하던 장소)에서 밖으로 꺼내 햇볕과 바람에 말리는 거야.

023 조선왕조의궤
손으로 직접 쓴 3895권의 책

조선시대는 기록의 시대라고 불러도 좋을 만큼 다양하고 세세한 것까지 책으로 기록했어. 왕실에 관련된 일은 물론, 행사에 대한 것도 책으

로 기록했지. 맞아, 이번에 알아볼 것은 왕실의 행사를 기록한 책인데, 그 책의 이름은 '조선왕조의궤'라고 해.

조선왕조의궤는 왕실의 장례, 혼인과 같은 기본적인 행사부터 축제, 외국에서 온 사신의 환영식 등 특별한 행사까지 글과 그림으로 기록했단다. 하지만 오로지 행사만 기록했던 건 아니야. 왕실의 문화와 궁전, 묘 건축에 관한 내용도 담겨 있어서 역사적 가치가 매우 높지.

그런데, 이렇게 많은 내용을 한두 권에 다 기록할 수 있었을까? 물론 아니야. 조선왕조의궤는 1600년대부터 1900년대까지의 조선왕조의 문화와 의식이 모두 담겨 있고, 그 책은 무려 3895권으로 구성되어 있어. 그리고 전부 손으로 직접 기록한 그대로이기 때문에 모든 책이 원본이란다. 이와 같은 역사적 가치를 인정받아 2007년에는 유네스코 세계기록유산으로 등재되었고, 2016년에는 대한민국의 보물로도 지정되었지.

❖ **99퍼센트가 모르는 문화유산 지식** ❖

조선왕조의궤처럼 방대한 글과 그림을 이토록 질서 있고 자세히 정리한 책은 같은 유교 문화권인 중국, 일본, 베트남 등에서도 발견된 적 없어.

024 직지심체요절
우리의 보물이 프랑스에 있는 이유

지금은 프린터로 쉽게 인쇄를 하지만, 옛날에는 인쇄를 할 때 '금속 활자'라는 것을 사용했어. 금속 활자는 글자를 새긴 금속판을 말하는데, 이 금속판에 먹물을 묻히고 종이에 꾹 눌렀다 떼면 글자가 새겨지는 거지. 이와 같이 금속 활자를 이용하여 만든 최초의 책이 바로 '직지심체요절'이야.

직지심체요절은 1372년, 고려의 백운화상(경한)이라는 승려가 상하권

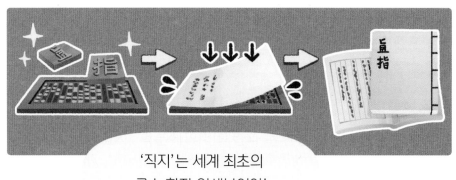

'직지'는 세계 최초의
금속 활자 인쇄본이야!

찾아줘~!

상권은 사라지고
하권은 프랑스에 있어!

으로 만든 책이란다. 백운화상이 죽고 3년 뒤, 제자들은 흥덕사에 가서 직지심체요절을 금속 활자로 찍어 인쇄했어. 바로 그 순간 세계 최초의 금속 활자 인쇄본이 탄생한 거야.

사라졌던 직지심체요절은 약 500년 후에 다시 모습을 드러냈는데, 그 행방이 아주 의외였어. 프랑스 공사였던 플랑시가 수집해 간 이후, 경매에 부쳐져 앙리 베베르라는 골동품상에게 비싼 값으로 팔렸던 거야. 앙리가 죽은 후 앙리의 가족들은 직지심체요절 하권을 앙리의 유언대로 프랑스 국립도서관에 기증했고, 지금까지도 프랑스 국립도서관에서 보관하고 있어. 그렇다면 상권은 어디로 갔냐고? 아쉽지만 직지심체요절의 상권은 아직까지 발견되지 않았어.

직지심체요절은 목판본도 있는데, 목판본은 우리나라가 두 권 모두 보관하고 있단다.

025 징비록
내 일기를 오래오래 전해 다오!

만약 내가 쓴 일기가 널리 읽힌다면 어떨까? 일기는 개인적인 글이니까 그럴 리 없다고? 하지만 우리나라에는 아주 유명한 일기가 있단다. 바로 이순신의 '난중일기'와 류성룡의 '징비록'이야. 이 두 책은 모두 임진왜란을 기록한 일기인데, 난중일기는 앞서 살펴봤으니 이번에는 류성룡이 쓴 징비록에 대해서 알아보자.

징비록은 당시 재상이었던 류성룡이 벼슬에서 내려온 뒤, 임진왜란에 대한 내용을 기록한 책이야. 임진왜란 이후 나라 안팎의 정세와 임진왜란의 실상, 그리고 그 후의 내용까지 상세하게 전달하고 있어서 당시의 상황을 생생하게 느낄 수 있어.

류성룡이 징비록을 쓴 이유는 책의 제목에서도 알 수 있는데, 제목으로 쓴 징비의 뜻은 지난 잘못을 경계한다는 의미로, 이 책을 통해 후세

에는 다시는 임진왜란 같은 일을 겪지 않았으면 하는 마음이었던 거지.

징비록 첫 장에서 류성룡은 "전쟁 중의 일을 생각하면 아닌 게 아니라 부끄러움에 몸 둘 곳을 알지 못해 왔다"라며 당시의 대처가 미흡했다는 것을 지적했어. 재상이었던 류성룡 본인 또한 책임을 피할 수 없음에도 이렇게 상세하게 기록했던 이유는 후손들은 보다 더 현명하고 나은 선택을 하기를 바랐기 때문이었겠지? 덕분에 지금까지도 징비록은 난중일기와 함께 임진왜란을 연구할 때 결코 빠져서는 안 되는 문서 중 하나로 평가받고 있어.

천자문
가장 유명한 한자 교과서

"하늘 천, 땅 지, 검을 현, 누를 황…."

한 번쯤 들어 본 노랫말이지? 우리에게 익숙한 이 노래가 사실 문화유산에 속한 한 책에서부터 시작되었어. 바로 '천자문'이라는 책이야. 1583년 정월, 선조는 서예가 석봉 한호에게 한자 공부를 위한 책을 만들라고 했어. 그리고 5개월 뒤에 1000개의 한자를 담은 천자문이 완성되었지. 이 천자문 덕분에 수많은 사람들이 한자 공부를 할 수 있게 되었단다.

석봉 한호가 제일 처음 완성한 천자문은 왕실에서 보관하다가 임진왜
란이 끝난 뒤 인쇄해서 왕실 교육용으로 썼어. 1690년에는 숙종이 천자
문에 내용을 더 추가해서 사람들에게 나눠 주었다고 해. 천자문은 지금
까지도 다양한 책과 콘텐츠로 나오고 있어. 그만큼 많은 사람들이 한자
를 처음 배울 때 도움을 주는 귀한 서적인 거야.

027 칠성도
부처와 보살이 된 별자리들

날이 맑아서 밤하늘이 잘 보이는 날, 별을 본 적 있니? 도시에서는 잘
보이지 않지만 제주도나 시골에 가 보면 밤하늘을 수놓은 별들을 볼 수
있어. 별들을 가만히 바라보면 눈에 익은 별자리가 보이기도 하는데, 가
장 쉽게 알아볼 수 있는 별자리가 바로 북두칠성이지!

아주 오래전에는 별자리를 신으로 삼으며 숭배했었어. 북두칠성도 신
과 같은 존재였지. 그걸 어떻게 아냐고? 북두칠성을 신으로 표현한 그
림이 문화유산으로 전해지기 때문이야. 바로 '칠성도'라는 그림이지. 칠
성도 속 북두칠성을 비롯한 여러 별들은 부처와 보살로 그려져 있어. 어
떤 그림이 그려져 있었는지 차근차근 살펴보자면 칠성도에는 치성광여
래, 일광보살, 월광보살, 이십팔수, 십이궁, 구요, 칠원성군, 삼태육성

이 그려져 있어. 뭐가 뭔지 하나도 모르겠다고? 괜찮아, 지금부터 차례
대로 알려 줄테니 잘 따라오면 돼.

먼저, '치성광여래'는 북극성이야. 칠성도의 정가운데를 차지하고 있
는 별이지. '일광보살'과 '월광보살'은 각각 해와 달을 뜻한단다. '이십
팔수'는 28개의 별자리로, 동서남북의 일곱 별자리들을 모은 거야. 또,
여기에는 각 방향을 관리하는 네 신이 있는데 이를 동방의 청룡, 북방
의 현무, 서방의 백호, 남방의 주작이라고 해. 어디선가 들어 본 적 있
는 이름일 거야. 십이궁은 1년을 열두 달로 나눈 별자리로, 현재 천문학

에서는 '황도 12궁'이라 부르고 있어. 구요는 태양, 달, 화성, 수성, 목성, 금성, 토성, 나후, 계도를 말해. 나후, 계도는 존재하지 않는 천체지만 태양과 달을 가린다고 믿었지. 칠원성군은 북두칠성이고, 삼태육성은 큰곰자리의 발바닥인데 발바닥에 해당하는 별들이 북극의 밤하늘을 지킨다고 해.

　이처럼 칠성도에는 여러 신들이 그려져 있는데, 하늘에 있는 별자리는 물론 행성까지 그려져 있는 것을 보면 당시 조선시대의 과학 기술이 얼마나 발전했는지 알 수 있어.

028 훈민정음
글자에 담긴 왕의 마음

　우리가 지금 읽고 쓰는 글자인 한글을 누가 언제 만들었는지 알고 있니? 한글은 1443년, 세종대왕이 집현전의 학자들과 함께 만들었어. 그당시는 한자만 사용할 때였는데, 먹고살기 바쁜 백성들은 한자를 공부할 시간이 없었고 한자를 몰라서 피해를 입기도 했어. 이를 안타깝게 여긴 세종대왕이 백성을 위한 마음으로 한글을 만들기 시작했던 거야. 오랜 시간 동안 많은 사람들의 노력이 더해져 한글이 탄생했고, 한글을 소개하는 책이 바로 '훈민정음'이란다. 훈민정음이란 '백성을 가르치는 바

나라말이 중국과 달라 문자가 통하지 않으니,
백성들이 뜻을 펴지 못하는구나.
새롭게 글자를 만들어서 편히 쓰게 하리라.

우리 발음
그대로라서
배우기 쉬워요!

읽고 쓰기도
편해졌어요!

세종대왕

른 소리'라는 뜻이야. 이것만 봐도 세종대왕이 얼마나 백성을 생각했는지 알 수 있지?

　이렇게 만들어진 훈민정음은 전국 곳곳에 퍼졌고, 백성들은 읽기와 쓰기를 배울 수 있게 되었어. 훈민정음에는 글자를 어떻게 만들게 되었는지 계기와 과정까지 나와 있는데, 세계에서 유일하게 글자의 창제 과정이 기록되어 있는 것이라 정말 소중한 책이 아닐 수 없어. 덕분에 한글의 위대함과 훌륭한 뜻이 지금까지도 전해지고 있는 것이지.

　훈민정음은 한글이 아닌 한자로 기록되어 있어. 이는 당시 보편적인 글자가 한자여서, 한자로 한글을 설명할 수밖에 없었기 때문이야. 아마 한자로 쓰는 책은 이것이 마지막이길 바라는 마음으로 한 자 한 자 써 내려 가지 않았을까?

2장

흥을 부르는
문화유산

029 가곡
세계의 보물이 된 우리 노래

고려시대부터 시작되었던 우리나라 전통 노래가 있어. 바로 가곡이야. 가곡은 아주 느린 곡인 '만대엽', 중간 정도의 속도인 '중대엽', 세 곡 중 가장 빠른 '삭대엽'으로 나눠져 있었지. 하지만 만대엽과 중대엽은 사람들이 부르지 않으면서 사라지게 되었고, 삭대엽만 남았어. 삭대엽은 조선 후기부터 본격적으로 발전하면서 삭대엽이 곧 가곡을 대표

하게 되었어.

가곡은 대금, 피리, 해금, 거문고, 가야금, 장구, 단소 등의 악기 연주에 맞춰 노래를 부르는데, 가수의 성별에 따라 부르는 노래가 달라져. 남자 가수가 부르는 남창은 가늘게 내는 소리인 속소리를 내지 않지만, 여자 가수가 부르는 여창은 속소리를 자주 써. 기본적으로 남창, 여창 구분 없이 한 명만 가곡을 부르지만 요즘에는 남창과 여창이 같이 부르는 경우가 늘어나고 있단다. 이때는 남창과 여창이 따로 가곡을 부르다가 마지막에 합창하는 것으로 노래를 마무리하지. 현재 가곡은 우리나라의 소중한 문화유산으로 지정되어 많은 사람들이 부르고 있어. 게다가 2010년에는 유네스코 인류무형문화유산으로 지정되면서 세계인들의 인정을 받았단다.

030 검무
세상에서 가장 스릴있는 춤

우리나라에는 물건을 이용해서 추는 춤이 많아. 대표적으로 수건춤과 부채춤이 있지. 그리고 날카로운 검을 휘둘러서 추는 춤도 있는데, 그게 바로 검무야. 검무는 어떻게 시작되었을까? 옛날 삼국시대 신라에 황창랑이라는 소년이 있었어. 춤을 매우 잘 췄던 황창랑은 당시 신라와 적국

이었던 백제로 들어가지. 그리고 백제의 왕 앞에서 검무를 선보이다가
그를 죽이고 스스로 목숨을 끊었다는 이야기가 전해져.

　이후 검무는 신라의 백성들 사이에서 유행했어. 그 인기는 고려시대
말까지 이어졌지만 조선시대 초기에는 사그라들었대. 그러다 숙종 때
연회에서 공연하던 기녀들에 의해 다시 검무가 유행하기 시작했지. 검
무가 유행하자 검무에 대한 전문적인 연구가 이루어지면서 궁중 행사
를 기록한 책에 검무를 어떻게 춰야 하는지에 대한 내용이 들어갔어.

　이후 신분을 나누던 양반, 서민 등 계급이 없어지자 왕을 위해서 검
무를 추던 기녀들도 점차 검무를 추지 않게 되었대. 그렇게 수많은 종

류의 검무들이 사라지고, 현재는 안타깝게도 진주검무와 궁중검무만
남아 있단다.

031 남사당놀이
조선시대에도 서커스가 있었다?

요즘은 찾아보기 힘들지만, 1990년대 초까지는 서커스 공연단이 전
국 이곳저곳을 떠돌아다니면서 공연을 펼쳤어. 동네에 공연단이 찾아오
면 아이들은 흥분하며 몰려들곤 했지. 하지만 시간이 지나면서 점차 공
연은 줄어들고, 지금은 찾아보기 힘든 수준이 되고 말았어.

그런데, 시간을 거슬러 아주 오래된 과거에도 특별한 공연이 있었다
는 사실을 알고 있니? 바로 조선시대판 서커스 공연, 남사당놀이야. 남
사당놀이를 하는 이들을 남사당패라 불러. 남사당패는 40명에서 50명
으로 구성되어 있었는데, 그들은 주로 당시의 양반들을 비판하는 여섯

개의 놀이마당을 진행했지. 이 여섯 놀이마당은 풍물놀이, 사발 돌리기, 쳇바퀴 돌리기, 줄타기, 가면극, 꼭두각시 인형극이야. 비록 남사당패는 시간이 흐르면서 저절로 사라졌지만 남사당패의 정신과 놀이만큼은 사물놀이 등으로 계속되고 있단다.

❖ **99퍼센트가 모르는 문화유산 지식** ❖

조선시대 후기의 공연단은 '사당패'라는 이름으로 활동했었는데, 조선시대 말기가 되자 남자들만 사당패에 모여 남사당패가 되었다고 해.

농요
계절마다 달라지는 노래

한자 중에는 노래 요謠 자가 있어. 동요, 가요, 농요에 쓰이는 '요'가 바로 이 글자야. 잠깐, 동요와 가요는 많이 들어 봤는데 '농요'는 처음 듣는다고? 농요는 말 그대로 사람들이 농사일을 할 때 부르던 노래야. 하지만 꼭 농사일을 할 때만 부르던 건 아니었어. 농민들은 하루 일을 마치고 집으로 갈 때도 농요를 불렀고, 힘든 일을 하거나 친구와 즐겁게

놀 때도 농요를 불렀지. 맞아, 농요는 농민들 사이의 유행가 같은 거야.

농사는 사계절마다 해야 할 일이 다르단다. 그래서 농요도 각 계절에 어울리도록 다양한 곡이 만들어졌지. 농사를 준비하는 4월에는 '논 가는 소리'를 불렀고, 6월이 되면 논밭에 모를 심으면서 '모 심는 소리'를 불렀어. 가을에는 추수를 하면서 '벼 베는 소리'를 불렀고, 1년 농사를 다 마치면 제일 많이 수확을 거둔 사람을 소에 태운 다음 '질꼬내기 소리', '장원질 소리' 등을 부르며 마을로 들어왔단다.

옛날 농요는 사람들의 입소문을 타고 퍼지며 조금씩 가사나 음이 바뀌기도 했대. 그런데 사람들이 점차 농부를 직업으로 삼지 않게 되면서 농요도 점점 사라지기 시작했어. 그래서 지금은 사람들의 기억 속에서 사라지지 않도록 지방의 농요들을 무형문화재로 지정하는 등 농요를 이어 나가기 위한 노력을 계속해 나가고 있어.

033 부채춤
부채, 춤의 주인공이 되다

K-POP이 세계적으로 인기 있는 데에는 K-군무, 즉 댄스가 한몫을 하고 있어! 한국 특유의 화려하고 절도 있는 안무가 세계적으로 인정을 받고 있는 거지. 춤을 보다 보면 다양한 소품을 이용해 퍼포먼스를 하는

이 춤은 부채가 주인공이야!

경우도 쉽게 볼 수 있어. 그중에는 간혹 부채를 들고 춤을 추는 걸 볼 수도 있는데, 부채가 단지 소품이 아니라 주인공이 되는 춤도 있단다. 바로 우리의 전통 무용, 부채춤이야!

다른 나라의 춤에서 부채는 대개 주인공을 위한 소품의 하나로 쓰이지만, 무용가 김백봉이 만든 전통 부채춤은 뭔가 달랐어. 부채를 접었다가 펴고, 흔들거나 돌리기도 했지. 이런 부채춤의 매력은 군무를 통해 더욱 돋보였단다. 먼저, 춤을 추는 이들은 두 개의 부채를 양손에 하나씩 들어. 옷차림의 경우, 윗옷은 허리가 파인 저고리를 입고 아래 또한 전통 한복 치마를 입지. 이때 중앙에서 춤추는 사람은 노란색이나 파란색 등 튀는 색깔의 옷을 입어서 다른 사람들과 차별점을 두었대.

부채춤의 역사는 다른 춤들과 달리 비교적 짧다고 할 수도 있지만, 그만큼 생생히 살아 있어. 부채춤을 만든 무용가 김백봉은 1965년부터 정년퇴임까지 약 30년간 대학교 무용과 교수를 맡을 정도로 사람들에게 부채춤을 알리려 노력했지. 아직까지도 열심히 후배 양성에 힘을 쓰고 있어. 어쩌면 현존하는 문화유산 중 가장 생생히 보고 배울 수 있기 때문에 더 소중한 것일지도 몰라.

034 승무
황진이의 필살기였던 춤?

1969년 7월 4일에 국가무형문화재로 지정된 춤이 있어. 민속 무용 중 가장 예술성이 높다는 평가를 받는 이 춤은 바로 '승무'야! 승무가 어디서부터 시작됐는지 그 유래는 아직 불분명하며, 다양한 가설로 나뉘고 있어. 가설 중에는 불교와 관련된 것이 많은데, 하나씩 살펴볼까?

먼저 '구운몽인용설'이야. 육관대사의 제자 성진은 매우 가난하게 탁발(승려가 남의 집 문 앞에서 목탁을 두드리며 동냥하는 일) 수련을 하면서 지냈어. 그러다가 깊은 계곡에서 아름다운 여덟 명의 선녀를 만나서 수련이 흔들릴 뻔 하는데, 이를 겨우 이겨 내고 불교의 진정한 뜻을 깨닫게 돼. 바로 이 과정을 춤으로 나타냈다는 설이야.

수건으로 뭐 하는 거니?

승무 연습 중이에요.

　다음으로는 불교의 중요한 법을 어겨, 파계승이 된 사람이 매우 괴로워하는 모습을 표현했다는 '파계승번뇌표현설'이 있지. 또, 황진이가 현재 승무를 출 때 입는 장삼, 고깔, 붉은 가사를 입고 춤을 춰서 지족선사를 파계승으로 만들었다는 '황진이초연설'도 있어.

　불교와 관련된 설 외에도 다양한 설이 존재해. 산대가면극이라는 연극에 등장하는 노장춤이 있는데, 이 노장춤이 승무의 시작이 되었다는 '노장춤유래설', 노래의 신 간다르바가 궁궐에서 들려오는 노래를 듣고 이 노래에 따라 춤을 만든 것이 승무라는 이야기도 있단다.

　중요한 사실은, 춤을 추는 기생들에 의해 승무가 발전했고 자연스레 많은 사람들이 즐기는 민속춤이 되었다는 거야. 전국적으로 다양한 지역에서 춤을 즐기면서, 승무는 지역마다 조금씩 다른 특징을 가지게 되었지.

아리랑
대한민국을 대표하는 노래

아리랑, 아리랑, 아라리요~
저마다 가사는 달라도 기본 정서는 같아.

날 좀 보소~

만수산-
검은 구름아-

"아리랑, 아리랑, 아라리요."

어디선가 많이 들어본 가사지? 맞아, '아리랑'이야. 아리랑은 우리나라의 전통 민요로, 오래전부터 대대손손 전해져 오고 있어. 하지만 아리랑을 누가, 왜 만들었는지에 대한 기록은 찾아볼 수 없지. 그저 강원도와 그 인근 지역 사람들이 일을 하면서 노래를 불렀는데, 이 노랫소리가

점차 퍼져 전 국민이 아리랑을 알게 되었고 자연스럽게 우리나라를 대
표하는 민요가 되었다는 이야기만 전해져.

아리랑은 경기 아리랑, 강원도 아리랑. 진도 아리랑, 밀양 아리랑, 정
선 아리랑 등 각 지역마다 다양하게 만들어졌어. 그뿐만 아니라, 아리
랑을 편곡해서 만든 노래도 수없이 많고 해외에서도 널리 불리고 있지.
전문가들의 말에 의하면, 아리랑이라는 이름으로 전승되는 민요만 하더
라도 60여 종, 3600여 곡이 된다고 해!

각 지역마다, 혹은 다양하게 아리랑을 편곡해서 불렀지만 모든 아리
랑에는 하나의 공통점이 있어. 바로 우리나라 특유의 '한恨의 정서'가 들
어간다는 점이야. 단순한 글자가 반복되지만, 그 곡조에 담긴 애환이 듣
는 사람의 심금을 울리지. 이것이 바로 우리 민족의 노래, 아리랑의 가
장 큰 특징이란다.

036 줄타기
백성들이 가장 좋아한 놀이

가느다란 밧줄 위에서 뛰어오르고, 걷기도 하고, 앉은 채로 묘기도 부
리는 사람들을 본 적 있니? 오랜 시간 동안 활약을 펼쳐 온 줄타기는 그

역사가 매우 깊단다.

먼저 고려 초에 팔관회, 나례라는 연회가 있었는데 이때 줄타기 공연을 했대. 실제 기록도 존재해서 이때부터 줄타기가 널리 퍼졌다는 이야기가 있지. 또 다른 이야기는 '화랑 유희설'인데, 신라에서 큰 인기를 누렸던 화랑들은 무술을 통해 심신을 갈고 닦았어. 그런데 신라가 쇠퇴하자 먹고살 방법이 없어진 화랑들이 전국을 돌아다니며 무술과 줄타기 등을 선보이고 돈을 벌었대. 그 후로 줄타기가 인기를 얻었을 거라는 추측이야.

줄타기의 종류는 크게 '광대줄타기'와 '어름줄타기'로 나뉘어. 광대줄타기는 주로 외국 사신을 환영할 때나 나라의 행사 등에서 진행되었어. 반면에 어름줄타기는 백성들, 즉 서민을 위한 줄타기였단다. 주로 밤에 공연을 치렀기 때문에 서민들은 횃불과 장작불을 밝혀 줄타기를 감상했다고 해. 오늘날에도 민속촌으로 가면 감상할 수 있을 만큼, 줄타기는 아직까지 우리 가까이에 있어. 이번 기회에 한번 줄타기를 감상해 봐. 분명 신나고 즐거울 거야!

037 처용무
빼앗긴 것을 어찌 하리오!

현재 유네스코 무형문화유산으로 지정되어 있을 만큼 가치를 인정받고 있는 춤이 있어. K-POP 안무나 브레이크 댄스가 아니라, 신라시대부터 우리 민족이 추었던 춤, 처용무가 바로 그 주인공이지.

신라 제49대 왕은 헌강왕이었어. 헌강왕은 동해에 사는 용의 아들인 처용에게 자신과 신라를 도운 보답으로 매우 아름다운 여자를 아내로 맞게 해 준단다. 처용 아내의 미모는 역병의 신까지 반하게 만들 정도였어. 역병의 신은 처용 몰래 아내의 잠자리에 들어가 함께 잤는데, 처용이 이를 목격하고는 이런 노래를 부르면서 춤을 췄어.

"밝은 달에 밤들어 노니다가 집에 들어와 자리를 보니 다리가 넷이러라. 둘은 내 것이고, 둘은 뉘 것인고? 본디는 내 것이다마는 앗은 것을 어찌 할꼬."

처용의 노래와 춤은 역병의 신을 감동하게 만들었어. 역병의 신은 처용에게 무릎을 꿇고서 "당신의 얼굴이 그려진 그림이 있으면 절대로 눈앞에 나타나지 않겠다"라고 말했어. 그리고 이 소식을 들은 신라 사람들은 처용의 얼굴 그림을 집 문 앞에 붙여 역병이 자신의 집에 들어오지 않기를 바랐지. 이 이야기를 바탕으로 춤을 만든 것이 바로 처용무란다.

신라시대부터 고려시대를 거쳐 조선시대 세종 전까지 처용무는 혼자

추는 춤이었어. 세종이 다스리던 때부터 궁중 무용이 된 처용무는 동서 남북 각 중앙에서 총 다섯 명이 차례대로 파란색, 흰색, 붉은색, 검은색, 노란색 옷을 입고 손에 한삼을 낀 채, 처용의 가면을 쓰고 춤을 췄어. 역병의 신을 물리치기 위해 한삼을 강하게 펼치는 동작과 역병의 신을 때리는 듯한 동작은 처용의 당찬 모습을 생각나게 해.

038 탈춤
왕을 위한 춤에서 백성을 위한 춤으로

혹시 좋아하는 취미 생활이 있니? 게임, 댄스, 인라인 타기 등 다양한 취미가 있을 거야. 물론 옛날 사람들도 각자 즐기던 취미가 있었단다. 그리고 몇몇은 지금까지도 이어져 오고 있는데, 그중 하나가 바로 탈춤이야.

탈춤은 말 그대로 탈을 쓰고 추는 춤인데, 처음에는 궁중의 행사에서 광대들이 공연했지. 그러다가 조선시대에는 나례(가면을 쓴 사람들이 귀신을 쫓아내던 의식)를 더 확장해서 조정의 행사나 외국 사신을 영접할 때에도 탈춤을 추었단다. 그런데 인조가 다스리던 때에 나례 행사가 폐지되었어. 궁중 행사에서 탈춤을 추며 돈을 벌던 사람들은 순식간에 거지가 되었고, 결국에는 왕이나 왕비처럼 높은 사람들이 아닌 백성들을 상

대로 놀음을 하게 되었단다. 탈춤을 통해 신분 사회를 풍자하거나 삶의 해학적인 면을 그리자 자연스럽게 서민들이 즐기기 시작하면서 조선 후기부터는 민중의 놀이이자 문화로 자리 잡았다고 해.

❖ 99퍼센트가 모르는 문화유산 지식 ❖

일제 강점기 때에는 탈놀이가 금지되기도 했대.

태평무

춤을 추며 소원을 빌다

왕족처럼 우아하게~

우리나라가 태평성대를
이루게 해 주소서!

　세계적으로 뻗어 나가는 우리나라의 TV 프로그램이나 아이돌 덕분에 요즘 춤이 굉장한 인기를 끌고 있어! 가수들이나 댄서들이 춤을 추는 장면을 떠올려 봐. 아무렇게나 추지 않지? 노래 가사나 리듬에 맞게 안무를 몸으로 표현하지. 춤은 몸으로 하는 연기나 마찬가지이기 때문이야.

우리의 문화유산 중에는 나라가 태평한 시대를 맞았으면 하는 마음을 담은 춤도 있어. 바로 태평무라고 하는 춤이란다. 태평무는 1900년대 무용가인 한성준이 만들고, 그의 제자인 무용가 한영숙과 강선영이 이어받았어. 그래서 태평무는 한영숙류, 강선영류로 나뉘어진단다. 두 춤의 차이점은 무엇일까? 우선 한영숙류는 발짓이 빨라지는 중간 부분을 제외하면 잔잔한 느낌이기 때문에 왕족의 우아함이 돋보여. 강선영류는 한삼을 끼고 비교적 빠르게 추기 때문에 화려함이 돋보이지.

현재 태평무를 전수받아 무형문화재로 지정된 사람들도 있고, 이 춤을 널리 알리기 위해 공연하는 사람들도 적지 않아. 태평한 세상에 대한 염원을 담은 태평무는 오래 보존되어야 할 소중한 문화유산이야.

040 판소리
민족의 한이 담긴 가락

아주 먼 옛날에도 가수가 있었을까? 과연 어떻게 공연을 했을까? 요즘 가수들은 미리 만들어진 노래 반주, 즉 MR에 맞춰서 노래를 부르는 경우가 많아. 하지만 옛날에는 고수(북치는 사람)에 맞춰서 창자(가수)가 손짓, 몸짓, 발짓을 섞어 가며 노래를 불렀어. 이를 '판소리'라고 해.

판소리가 만들어지기 시작한 시기는 17세기 중후반부터야. 판소리로

나는 이야기를 담은 노래를 하고,

나는 북으로 장단을 맞춘다네.

제일 유명한 춘향가 또한 17세기에 만들어졌어. 그리고 정조가 다스리던 시절이 판소리의 전성기라고 부르지만, 철종 시절에는 신재효의 등장으로 왕부터 시골 농민들까지 모두 판소리를 즐겼대. 그는 판소리계의 전설적인 인물로, 현재 판소리 열두 마당이라고 부르는 '춘향가', '토별가', '심청가', '박흥보가', '적벽가', '변강쇠가'의 가사를 만들고 바꾸기도 했어.

시대에 따라 판소리는 외세 침략과 일본에 나라를 잃은 울분을 노래하며 우리 민족의 마음을 대변했어. 하지만 갈수록 판소리는 대중들과 멀어지고 말았지. 결국 지금은 일부 사람들만이 판소리의 명맥을 이어갈 뿐, 대중들은 잘 찾지 않게 되었어. 점점 사람들의 기억 속에서 판소리가 잊혀 가자, 20세기에 들어서는 판소리가 스스로 변화를 시도했어. 새롭게 변한 판소리에는 마치 연극처럼 여러 배우들과 다양한 악기들이 등장했단다. 지금도 관심을 가지고 찾아보면 판소리와 관련된 다양한 공연을 발견할 수 있어.

3장

걸음을 이끄는
문화유산

경복궁
파란만장한 역사를 가진 궁

우리나라가 힘든 시간을 견딘 것처럼
나도 굳건히 자리를 지킬 거야!

태조 이성계는 조선을 세우고 왕이 되자마자 지금의 서울인 한양으로 수도를 옮기고 궁궐을 만들었어. 태조는 함께 조선을 세운 정도전에게 궁궐의 이름을 지어 달라고 했대. 정도전은 궁궐에는 경복궁, 궁 안에 있는 건물들에는 각각 근정전, 강녕전, 연생전이라는 이름을 붙였단다.

태조는 완전한 궁궐의 모습을 원했지만, 궁을 모두 감싸는 울타리나 궁문을 미처 다 짓지 못했어. 경복궁이 궁궐이라 불릴 만한 시기는 세종

때부터였단다. 광화문, 홍례문 등의 문이 완성되었고 과학 기구를 놓는 간의대, 왕과 신하가 함께 공부하는 집현전 등이 만들어졌지. 그런데 명종 때의 어느 날, 강녕전에서 시작된 불이 안타깝게도 경복궁을 집어삼켜. 이때 수많은 보물과 건물이 타 버리고, 선조 때에는 임진왜란이 일어나 또다시 화재를 겪었지.

이후 흥선대원군의 지시로 경복궁은 옛 모습을 찾아갔지만, 일제 강점기를 거치면서 또 한 번 훼손되고 말았어. 다행히도 1945년에 광복이 되었고, 현대에 들어서 열심히 복원한 결과로 경복궁은 지금의 모습이 되었단다. 물론 아직까지 완벽히 복원된 건 아니지만 언젠가는 예전 모습을 다시 찾는 날이 왔으면 좋겠어.

042 경주 분황사 모전석탑
가장 오래된 신라의 흔적

지금까지 남아 있는 신라의 건물 중 제일 오래된 건물은 어떤 것일까? 바로 경주에 있는 '분황사 모전석탑'이야. 이 석탑은 분황사가 만들어지던 시기에 함께 지어졌어. 높이는 약 9미터 정도인데, 이건 사실 3층의 높이란다. 임진왜란 때 파괴되는 바람에 3층까지만 남아 있지만, 원래는 지금보다 더 높은 7층이나 9층이었을 거라고 해.

　여기서 궁금한 점이 하나 떠오르지 않니? 과연 탑의 2층과 3층에는 무엇이 있을까? 문화재를 발굴하는 사람들이 2층과 3층 사이에서 상자 하나를 발견했는데, 그 속에서 귀한 물건이 많이 나왔다고 해. 사리장엄구와 빛나는 구슬 그리고 조개, 금과 은으로 만든 바늘, 바늘 보관함, 가위, 옛날 화폐로 쓴 동그란 모습의 동전들이 발견되었지.

　분황사 모전석탑은 벽돌 모양으로 돌을 잘라 쌓았기 때문에 겉모습이 네모난 형태야. 그리고 각 모서리에 화강암으로 조각된 사자가 한 마리씩 있어. 특이하게 동서남북으로 입구가 하나씩 있고, 모두 돌문을 통해 들어갈 수 있게 해 놓았지. 각 돌문 옆에는 불교의 수호신인 인왕상이 두 개씩 있어서 총 여덟 개의 인왕상이 있단다.

634년부터 지금까지 오랜 시간 동안 자리를 지켜왔으니 당연히 훼손된 곳도 많았겠지? 분황사 모전석탑은 1915년에 일본인들이 수리를 하였고, 그 모습이 지금까지 계속 이어져 오고 있어. 언젠가 본연의 모습을 꼭 찾았으면 좋겠어.

✿ 99퍼센트가 모르는 문화유산 지식 ✿

예전에는 불탑 안이나 아래에 보석이나 금은 장신구처럼 귀중한 것을 보관했는데, 이때 그 물건들을 담는 함을 사리장엄구라고 한단다.

043 경주 불국사 다보탑
우리나라에서 가장 유명한 탑

우리나라의 유명한 석탑하면 빠질 수 없는 석탑 중 하나는 경주 불국사에 있는 다보탑이야. 한 번쯤은 들어 본 적 있지? 다보탑은 통일신라 시대인 751년에 불국사와 함께 만들어졌어.

다보탑의 생김새를 보면 굉장히 화려하다는 느낌이 들지. 탑의 아래쪽에는 동서남북으로 계단이 있고 이를 올라가면 돌사자가 하나 있어.

원래는 총 네 개지만 일본이 세 개를 약탈해 갔단다. 탑의 위쪽에는 꼭 지붕처럼 널따란 돌이 있고 그 위에 팔각형 장식과 꽃무늬 장식이 차례 대로 올라가 있어. 맨 꼭대기에는 구슬 모양의 장식을 올려서 아름다움 을 더했지.

이처럼 경주 불국사 다보탑은 매우 독특하고 아름다운 건축물이자 지 금까지 거의 훼손되지 않은 탑 중의 하나로, 소중히 보관해야 할 우리 의 문화유산이야.

다보탑 옆에는 석가탑이 있는데 이렇게 두 탑을 같이 세운 특별한 이유가 있대. 현재 부처가 된 석가여래(석가모니)가 불교의 가르침을 말할 때, 그 내용이 잘 맞는지 과거의 부처인 다보불이 확인한다는 불교 경전의 이야기에 따라 두 부처를 상징하는 탑을 나란히 둔 거야.

044 경주 첨성대
신라에서도 우주를 관찰했다?

경주에는 많은 문화유산이 있는데, 그중에서도 손꼽히는 것 중 하나가 첨성대야. 첨성대는 신라의 선덕여왕이 다스렸던 기간인 632년부터 647년 사이에 만들어졌다고 추측하고 있어. 첨성대를 만든 이유는 무엇일까? 답은 우주와 관련되어 있단다. 첨성대는 우주의 움직임을 관찰하기 위해 만든 '천문 관측대'야. 첨성대를 통해 언제 계절이 변하고, 언제 비가 오고 햇살이 밝은지 알게 되었지. 그 덕분에 농사를 더욱 쉽고 정확하게 할 수 있었던 거야.

맨 아래에 있는 받침대부터 벽돌을 27단이나 쌓아올린 첨성대의 높

옛날 사람들은
첨성대에 올라가서
별을 관찰했대!

이는 무려 9미터에 달한다고 해. 그런데, 벽돌을 쌓아올려 만들었는데
도 겉이 매우 매끄러워 보이지? 하지만 안으로 들어가면 벽돌 모서리가
삐죽삐죽 나와 있어서 날카롭단다.

　첨성대의 중간쯤에는 네모난 구멍이 있는데, 이는 사람이 사다리를 통
해 드나들 수 있게끔 만들어 놓은 거야. 이곳을 통해 내부로 들어간 다
음, 안쪽에서 튀어나온 돌에 사다리를 걸치면 꼭대기까지 올라갈 수 있
지. 신라 사람들은 꼭대기에서 하늘을 바라보며 우주의 움직임을 관찰했
대. 이처럼 경주 첨성대는 삼국시대 신라가 얼마나 뛰어난 지식을 가지고
있었는지 알려 주는 문화유산이야. 아쉽게도 지금은 첨성대 안으로 들어
갈 수 없지만, 주위에서 옛 조상님들처럼 하늘을 관찰해 보는 건 어떨까?

고인돌
특별한 사람을 위한 무덤

세계 곳곳에는 인위적으로 세워진 어마어마하게 큰 돌들이 있어. 어떤 돌은 T자 형태로 세워져 있기도 하고, 어떤 돌은 두 돌을 기둥으로 그 위를 큰 돌이 지붕처럼 덮고 있기도 해. 이렇게 만든 돌을 '고인돌'이라고 하는데, 고인돌이 만들어진 이유를 알고 있니?

고인돌의 정체는 바로 무덤이야. 우리가 생각하는 무덤은 죽은 사람을 땅 속에 묻고 그 앞에 비석을 세운 모습이지만, 청동기시대에는 땅 속에 시신을 묻고 그 위에 돌을 세웠단다. 형태는 조금 다르지만, 죽은 사람을 묻고 근처에 표식을 남기는 것은 비슷하다는 걸 알 수 있지!

그런데, 지금도 만들기 어려울 정도의 커다란 고인돌을 그때는 어떻게 만들었을까? 누군가가 죽을 때마다 만들었다면 엄청나게 많이 만들어야 했을 텐데 말이야. 다행히도, 고인돌을 세우는 것은 흔한 일이 아니었어. 어떻게 아냐고? 고인돌 아래에는 죽은 사람이 자주 썼던 물건으로 추측되는 것들이 같이 묻혀 있었대. 비파형 동검, 곱은옥, 대롱옥, 청동도끼 등 화려한 무기나 물건들이었는데, 청동기시대라고 해도 이런 귀한 것들은 왕이나 뛰어난 장수만이 사용할 수 있었거든. 그래서 무덤의 주인이 높은 신분이라는 걸 짐작할 수 있단다. 결론적으로, 고인돌은 왕이나 장수 등 신분이 높은 사람들이 죽었을 때 만든 무덤이라는 사실을 알게 되었지.

고인돌은 세계 곳곳에 있지만, 특히 우리나라에 많이 있어. 세계의 고인돌 중 반 이상인 1만 5000개에서 2만여 개가 우리나라에 있다고 하니, 정말 놀랍지?

❁ 99퍼센트가 모르는 문화유산 지식 ❁

전라남도와 황해도에는 2만여 개의 고인돌이 있대. 이 두 지역은 세계에서 고인돌이 가장 많으면서, 밀집해 있는 지역이지. 특히 전라남도에는 고인돌을 모아 둔 고인돌공원도 있단다.

046 남한산성
나라의 수도를 지켜라!

신라 때부터 지금까지 우리나라의 수도를 지켜 준 산성이 있어. 바로 남한산성이야. 고구려, 백제, 신라가 있던 삼국시대에 신라는 당나라와 손을 잡고 고구려와 백제를 공격해서 이겼단다. 그런데 이때, 생각지 못한 일이 벌어졌어. 신라가 전쟁으로 힘이 약해진 틈을 타 당나라가 신라를 공격해서 한반도 전체를 지배하려고 한 거야.

당나라의 어두운 낌새를 눈치챈 신라의 문무왕은 몰래 남한산성을 쌓아서 당나라의 침입을 막고자 했지. 673년 신라와 당나라의 전쟁 당시, 신라는 당나라의 군대가 남한산성으로 들어오기만을 기다리고 있었지만 의도한 대로 되지는 않았어. 그리고 3년 후인 676년(문무왕 16년)에 삼국통일이 이루어졌지.

고려시대를 지나 조선이 건국되고 나서도 남한산성을 전쟁에 활용하려는 왕들의 시도는 계속되었어. 하지만 제대로 활용조차 해 보지 못하고 실패했지. 1636년에는 청나라의 침입으로 병자호란이 일어났는데, 남한산성으로 피신했던 인조는 결국 삼전도(서울과 남한산성을 잇는 나루)에서 청나라 황제에게 세 번 절을 하며 항복하는 굴욕을 당했어.

이 사건을 기점으로, 남한산성에는 적에게 대포를 쏠 수 있는 포루가 생겨났어. 이후에도 여러 왕들의 보수와 개조로 남한산성은 너욱 튼튼하게 변했지. 그 덕분에 일제 강점기와 6·25전쟁을 겪고도 거의 멀쩡한 모습을 유지했다고 해. 1970년대부터 90년대까지 성벽의 복원 작업이 이루어졌고, 지금은 도립공원으로 지정되어 누구든 자유롭게 다닐 수 있단다.

047 덕수궁
평범한 집이 궁궐로 변하다

임진왜란

인목대비 유폐

역사의 아픔을
고스란히 담아 온
건물이구나.

궁궐은 나라의 임금이 사는 집이야. 왕의 집이니, 궁궐을 지을 때는 견고하고 웅장하게 짓는 것이 당연하지. 그런데 일반적인 집이 하루아침에 궁궐로 변한 경우도 있었다는 사실, 알고 있니? 믿기지 않는 이야기의 주인공은 바로, 한 번쯤은 들어 봤을 '덕수궁'이야.

덕수궁은 원래 성종의 형인 월산대군의 집이야. 임진왜란으로 인해 궁궐이란 궁궐이 다 파괴되자, 월산대군의 집을 선조의 임시 거처로 사용하게 된 것이지. 선조는 '정릉동 행궁'이라는 이름을 붙이고, 이곳에서 죽음을 맞이했어. 뒤이어 왕이 된 광해군은 창덕궁을 다시 세워 창덕궁으로 거처를 옮겼어. 남겨진 정릉동 행궁은 '경운궁'으로 이름이 바뀌었고, 인목대비가 이곳에 유폐되었지.

하지만 이내 인조가 광해군을 내몰고 왕의 자리에 올랐단다. 이때 인조가 왕으로 즉위했던 곳이 바로 인목대비가 있던 경운궁이야. 경운궁에는 한동안 사람들의 발길이 끊겼는데, 대한제국의 1대 황제인 고종이 경운궁에 여러 건물을 세우고 크기를 늘렸지. 하지만 1904년, 화재 사건으로 인해 경운궁의 대부분이 불타 버렸어. 게다가 우리의 슬픈 역사인 을사늑약도 경운궁에서 맺어졌단다. 이후 고종의 아들인 순종이 궁을 다시 세웠고, 이름도 '덕수궁'으로 바뀌었어. 이처럼 덕수궁은 그 이름을 가지기까지 수많은 아픔을 간직한 궁궐이란다.

✤ 99퍼센트가 모르는 문화유산 지식 ✤

덕수궁은 이름이 바뀐 이후에도 편할 날이 없었다고 해. 일제 강점기에도 덕수궁의 일부가 여러 번 파괴되고 불타면서 궁궐의 역할을 제대로 하지 못했대.

독립문
독립운동가와 친일파의 합작?

너도 어서 독립문을 통과해서 와 봐!

음… 난 독립하기엔 아직 이른데.

중국 청나라의 압박에서 독립했다는 의미로 세운 문이 있어. 바로 '독립문'이야. 이름은 문이지만 문으로 사용하는 것은 아니고 기념비의 의미로 세운 것이란다. 독립문이 완성되기 7년 전부터 독립운동가 서재필은 한 가지 의견을 강하게 주장해 왔어. 중국 명나라 사신을 맞이하던 영은문과 모화관을 없애고, 독립문을 세우자는 것이었지.

1896년, 서재필은 독립신문을 통해 독립문의 필요성을 알리며 모금 사업을 시작했어. 또한 그는 고종 황제의 동의를 얻었으며, 대한제국에서 일했던 러시아인 건축기사 아파나시 세레딘사바틴과 우리나라 건축가 심의석을 영입했어.

이 무렵, 독립문 건립 추진 위원회를 기반으로 독립협회가 창설되었는데, 회장은 안경수가 맡았고 위원장은 이완용이 맡았어. 응? 많이 듣던 이름이지? 맞아. 아이러니하게도 매국의 대표 인물인 이완용이 독립문을 만들기 위한 모임의 위원장을 맡았단다. 이후 서재필의 노력을 통해 자금이 모였고, 1896년 11월 21일부터 독립문을 만들기 시작하여 1년 후인 1897년 11월 20일에 완성되었어.

100년이 넘는 시간이 흘렀지만, 독립문은 여전히 건재한 모습을 보이고 있단다. 현재 서울 서대문구에서 독립문을 찾을 수 있지. 서재필의 자주독립에 대한 생각을 알 수 있는 독립문을 한번 통과해 보는 건 어떠니?

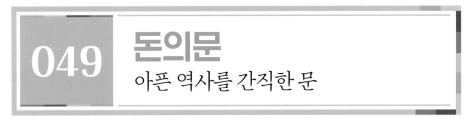

049 돈의문
아픈 역사를 간직한 문

현재는 사라진 문이지만, 한때 경복궁을 지켰던 문이 있어. 바로 돈의문(서대문)이야.

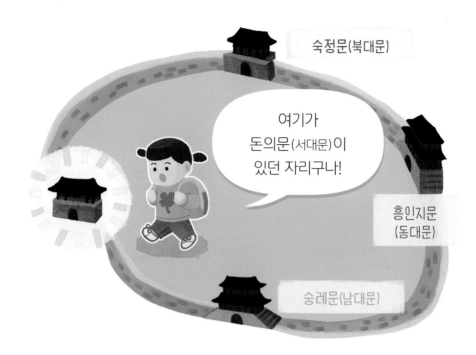

숙정문(북대문)

여기가
돈의문(서대문)이
있던 자리구나!

흥인지문
(동대문)

숭례문(남대문)

　한양도성을 쌓을 때 숭례문, 흥인지문, 숙정문, 돈의문이란 이름으로
남대문, 동대문, 북대문, 서대문이 있었어. 돈의문은 태종 시절에는 풍
수지리를 이유로 닫히기도 했고, 임진왜란이나 병자호란 등 여러 전쟁
의 불씨로 인해 불타고 훼손되기도 했어. 숙종 때는 망가진 돈의문을 아
예 새로 지었단다.

　이후 일제 강점기 전까지 돈의문은 자신의 자리를 굳건히 지켰지만,
1915년 일본이 도로 공사를 핑계로 헐어 버린 이후 돈의문은 계속 제 모
습을 찾지 못하고 있어. 2009년에 돈의문의 위치에 있던 도로를 철거
하고 돈의문을 복원하겠다고 발표했지만, 아직까지도 돈의문 복원이 끝
나지 않고 있지.

아직 제 모습을 찾지 못한 돈의문이지만, 역사관과 박물관, 사진 등으로 과거의 모습을 알 수 있어. 빨리 돈의문의 복원이 끝나서 다시 제자리에 위치한 돈의문의 모습을 보고 싶어.

050 백록담
산꼭대기에 있는 호수

제주도의 자연을 생각하면 푸른 바다가 떠오를 거야. 하지만 바다와 함께 떠오르는 대표적인 산도 있지? 한라산은 제주도의 상징 중 하나라고 할 수 있어. 제주도에 가면 한라산을 오르는 사람들이 아주 많아. 물론 한라산의 맑은 공기를 느끼기 위해서도 있지만, 산 정상에 있는 호수를 보기 위해서 오르는 경우도 많단다. 잠깐, 산 정상에 웬 호수냐고? 거짓말이 아니야. 한라산 정상에는 백록담이라고 하는 호수가 존재한단다.

제주도는 화산 활동에 의해 만들어진 섬이야. 87만 년 전, 제주도가 아직 바다 아래에 있을 때였어. 바다에서 화산이 터져서 해수면 바로 아래에 땅이 조금씩 만들어졌고, 60만 년 전부터 37만 년 전에는 용암이 굳어서 지금의 제주도 땅이 생겼단다. 그리고 27만 년 전, 갑자기 섬 가운데에 화산이 터져서 한라산이 만들어졌지. 두 번의 분출로 한라산에 백록담이 생겼고, 이후 오랜 시간 빗물이 고이고 고여서 우리가 아는 백록담이 완성된 거야.

아주 오래전에 백록담이 만들어졌으니, 당연히 조선시대에도 백록담에 대한 기록이 있겠지? 제주도에 관한 책인 '탐라지'에는 물을 저장하는 그릇과 비슷한 모습을 하고 있다고 해서 백록담을 부악釜岳이라 불렀다는 이야기가 적혀 있어. 그리고 '백록'이라는 이름에 대한 설화도 있단다. 흰 사슴이 백록담에서 목을 축였다고 해서 '흰 백白'자와 '사슴 록鹿'자를 그대로 쓴 백록담이 되었다는 설과 신선들이 백록주를 마시며 놀았다고 해서 백록담이라 불렀다는 두 가지 설이 있어.

현재 백록담은 우리나라의 소중한 천연기념물이란다. 백록담 등산 코스를 통해 누구든지 백록담의 아름다움을 만나 볼 수 있지. 고생 끝에 낙이 온다고, 힘든 오르막을 오르면 자연이 주는 아름다움을 만끽할 수 있을 거야!

051 보신각
종을 위해 건물을 세우다

사람이 아닌 물건을 위해 만든 건물이 있어. 이 건물의 이름은 보신각이야. 보신각은 매일 울리는 종을 걸어 놓기 위해 만든 건물이란다. 보신각의 처음 이름은 '종루'였어.

태조 시절, 지금의 인사동 쪽인 청운교에 종루가 지어졌어. 이후 종로 네거리로 위치를 옮기고 커다랗게 새로 짓기도 했지. 하지만 임진왜란으로 인해 불길 속에 사라졌고, 시간이 흘러 광해군 때 현재 위치에 종루를 다시 지었대. 그리고 1895년, 고종이 종루의 이름을 바꾸면서 '보신각'이 정식 명칭이 되었던 거야.

여기는 내가 사는 집이야!

12월 31일이 되면
내 목소리를 들려줄게.

한 가지 비밀을 알려 주자면, 지금 우리가 볼 수 있는 종은 사실 새롭게 만든 것이란다. 원래 보신각에 있던 종은 잘 보존하기 위해서 경복궁 안쪽으로 옮겨 놓았대.

조선시대에는 새벽 4시와 오후 7시에 수십 번씩 종을 쳐서 성문을 열고 닫았어. 하지만 지금은 매년 12월 31일 밤에만 제야의 종을 치고 있어. 아쉽게도 코로나바이러스로 인해 한동안 그 모습을 볼 수 없었지. 새해가 될 때 사람들이 모여서 종을 치는 모습을 얼른 다시 보고 싶은 마음이야.

북한산에는 약 13킬로미터나 되는 엄청나게 기다란 산성이 있어. 지역으로는 경기도 고양시 덕양구 북한동부터 서울시 강북구 수유동과 우이동, 종로구 구기동을 지나 성북구 정릉동을 걸치는 어마어마한 거리야! 이렇게 엄청난 규모의 산성을 과연 누가, 언제 쌓았을까?

북한산성의 탄생은 아주 오래전, 삼국시대로 거슬러 올라가. 백제가 수도를 지키기 위해 북한산에 성을 쌓기 시작했는데, 당시 북한산의 위치가 나라들이 맞닿는 지점에 있어서 삼국이 여러 차례 피 튀기는 전쟁을 벌였지.

고려시대가 되어서도 북한산성은 전략적인 요충지였고, 전쟁에서 큰 역할을 했단다. 11세기 초, 거란의 침입을 피해 태조(왕건)의 관을 북한산성으로 옮길 만큼 고려 사람들은 북한산성을 믿었다고 해. 몽골군과도 이곳에서 전투를 벌였지.

조선시대에도 북한산성은 여전히 수도와 궁궐을 지키는 역할을 맡았고, 임진왜란 때에도 큰 도움이 되었어. 하지만 대부분의 궁궐들이 불타 없어지고 많은 백성과 농작물의 피해를 입자, 두 번 다시 이런 일을 겪지 않기 위해 숙종이 한 가지 명령을 내려. 흙으로 만든 북한산성을 다시 돌로 쌓아서 '석성'으로 바꾸라는 것이었지. 이후 북한산성의 가운데 문인 중성문을 완성하는 것을 시작으로 창고 8개, 절 12개, 중장수가 지휘할 수 있도록 만든 장대 3개, 적군이 모르도록 만든 8개의 암문, 13개의 성문, 다른 성으로 왕이 대피했을 때 쉴 수 있을 만한 행궁이 숙종 때 모두 완성되었어.

1968년 문화재로 지정된 이후, 많은 역사 연구단체들이 북한산성과 관련한 역사 연구를 시작했지. 많은 전쟁을 겪었던 산성인 만큼, 아직까지도 다양한 문화유산들이 발굴되고 있단다.

불국사
문화유산을 품은 문화유산

다보탑

안양문

삼층석탑

연화교 · 칠보교

불상 등…

이렇게 귀한 것들이
전부 모여 있다고?

  1995년, 우리나라의 절이 유네스코 세계문화유산으로 지정되었어. 이 절은 신라시대부터 조선시대까지 여러 번의 공사가 이루어졌고, 현재까지도 무너지지 않고 잘 보존되고 있지. 혹시 이 절에 대해 알고 있니? 맞아, 바로 경주에 있는 '불국사'야.

  불국사는 신라시대 경덕왕부터 혜공왕까지 대규모의 공사를 통해 지어졌어. 그럼에도 혜공왕 때 불국사가 완성된 것은 아니었단다. 물론 신라시대 때 어느 정도는 다 만든 상태였지만, 고려시대와 조선시대에 추가적으로 손을 보면서 완성되었다고 할 수 있지.

불국사 안에는 다보탑, 청운교와 백운교, 금동아미타여래좌상 등 수많은 문화유산들이 있어. 간단하게 말한 것들만 해도 이 정도니, 불국사가 품고 있는 가치가 놀랍지 않니? 불국사는 그 자체로도 소중하지만, 여러 문화재와 역사 기록들을 품고 있는 공간이기에 더욱 소중히 지켜 나가야 해.

✤ 99퍼센트가 모르는 문화유산 지식 ✤

불국사는 신라 경덕왕 때의 재상 김대성의 뜻으로 세워졌어. 그는 불교의 윤회설에 따라 현재의 부모님을 위해 불국사를, 전생의 부모님을 위해 석굴암과 석불사를 지었대.

054 석굴암
1년에 한 번만 볼 수 있는 불상

불국사와 석굴암은 과학이 발달하지 않았던 시절에 만들었다는 사실이 믿기지 않을 만큼 아름답고 정교하게 지어졌어. 그래서 1995년에는

유네스코 세계문화유산으로 등록되었지.

석굴암의 경우, 안타깝게도 일제 강점기 때 많이 망가져 버렸어. 하지만 많은 사람들의 노력으로 복원에 성공했고, 1970년부터는 현재의 모습을 유지할 수 있게 되었단다. 또다시 훼손되는 것을 막기 위해 지금은 매년 석가탄신일에만 내부를 볼 수 있어.

석굴암에는 아주 큰 석불상(돌로 만든 불상)이 있고, 석불상 외에도 양쪽 벽에 붙어있는 팔부신장(불교의 법을 수호하는 여덟 신), 입구 양옆을 지키는 인왕상, 입구 통로 양옆을 지키는 사천왕상 등 다양한 조각상이 있어.

112

석굴암은 건축, 수리, 기하학, 종교 등 모든 예술적인 방면에서 훌륭함을 인정받고 있어. 그 먼 옛날에 어떻게 이런 훌륭한 건축물을 만들어 낼 수 있었는지 정말 신기할 따름이야.

055 석빙고
아주 오래된 냉장고

더운 여름날, 학교를 마치고 집에 와서 차가운 아이스크림을 꺼내 먹는 기분을 알고 있겠지? 갈증을 해소하는 데에는 그만한 게 또 없잖아! 냉동실이 아이스크림을 꽁꽁 얼려 주는 덕분에 더운 여름을 시원하게 보낼 수 있지. 사실 우리에게 냉동실은 너무 당연한 존재야. 그런데, 과연 옛날에도 냉동실이 있었을까?

지금 우리가 일상에서 사용하는 것처럼 여러 가지 음식들을 넣어 두는 그런 냉동실은 없었단다. 하지만 얼음을 보관하던 창고는 있었어. '석빙고'라고 부르는 창고였지. 경주 지역에 아주 커다란 석빙고가 있었는데, 그 길이가 약 20미터나 되었고, 들어가는 통로의 높이가 약 5미터, 너비는 약 6미터였다고 해. 어때, 우리가 알고 있는 냉동실보다 훨씬 크지?

석빙고의 입구로 들어가면 아래로 내려가게 되는데, 경사가 심하기

때문에 자칫하면 넘어질 수도 있어. 경사가 심한 이유는 바닥에 배수구가 있는데 이 구멍을 통해 밖으로 물을 빼내기 위해서야. 내부는 단단한 돌을 쌓아서 무너지지 않게 했고, 천장에는 환기 구멍을 세 군데나 만들어서 외부의 온도와 내부의 온도가 순환되게 만들었어. 만약 비가 오면 어떻게 하냐고? 괜찮아. '환기구 덮개석'이라는 돌로 구멍을 덮으면 해결되니까. 전국에 다양한 석빙고가 있는데, 경주 석빙고가 규모와 기법에서 가장 뛰어나다고 해. 그럴 만도 하지. 경주 석빙고는 무려 1000여 개의 돌로 만들었으니까!

조선의 22대 왕, 정조는 뒤주에서 돌아가신 자신의 아버지 사도세자를 안타깝게 여겼어. 그래서 아버지의 무덤을 풍수지리 명당인 현재의 화성으로 옮기면서 수원 화성을 만들었지. 그리고 이 수원 화성은 조선 시대 최고의 성곽 건축물이 돼.

수원 화성을 만드는 과정에는 정약용의 발명품인 '거중기'와 '녹로'가 빠질 수 없어. 거중기와 녹로는 무거운 물건을 쉽게 위로 들어올리는 기계였는데, 이 두 기계 덕분에 약 2년 만에 공사를 끝낼 수 있었다고 해. 그리고 공사 과정은 모두 '화성성역의궤'라는 책에 담아 보관했어. 이 책은 수원 화성이 유네스코 세계문화유산으로 등재되는 데 큰 역할을 해 주었지.

수원 화성의 정문과 동서남북에 있는 문은 모두 옹성으로 만들었어. 옹성으로 만들었다는 것은 전쟁의 용도로 사용하기 위해 튼튼하게 지은 성곽이라는 걸 의미해. 이처럼 수원 화성은 전쟁을 대비한 건축물이기도 하지만, 정조는 자신의 아버지인 사도세자를 참배할 때 지내던 장소인 화성 행궁을 만들었고, 후대에는 정조의 초상화를 모셔 둔 화령전도 세워졌어.

수원 화성은 수많은 전쟁 이후에도 성곽만 파괴되어 화성성역의궤의 도움으로 완벽하게 복원에 성공했어. 하지만 화성 행궁의 건물 대부분은 복원을 하지 못했고, 낙남헌만 남아 있지. 수원 화성은 전쟁을 목적으로 만든 것이라고 믿기지 않을 정도로 예술적인 감각이 뛰어난 건축물이야. 그래서 오늘날에는 하나의 관광지로도 활용되고 있지. 수원 화성 안에서 공연은 물론 여러 가지 체험도 할 수 있다고 해. 그리고 화성 행궁은 야간 개장을 통해 누구나 쉽게 관람할 수 있도록 하고 있단다.

숙정문
가장 외로운 성문이 있다?

조선의 궁궐을 동서남북으로 지키던 사대문을 이야기했었지? 이번에 살펴볼 문은 북쪽을 지키고 있는 북대문, 즉 숙정문이야.

태조가 다스리던 1395년, 숙정문은 궁궐의 북쪽을 지키는 역할을 맡으며 크게 지어졌어. 숙정문은 백악산(북악산의 옛 이름) 동쪽 고개에 있었는데, 백악산 자체가 험한 산이라서 백성들이 숙정문을 잘 이용하지 않았지. 하지만 그 덕분에 전쟁에서도 적군이 산을 올라 숙정문까지 오는 경우는 잘 없었어.

험난한 산길이 아니더라도, 숙정문은 한동안 굳게 닫힌 채로 지내야 했어. 바로 풍수지리설 때문이야. 1413년, 풍수지리학자인 최양선이 태종에게 "북쪽은 음에 해당하고, 북쪽에 있는 숙정문을 열어 두면 음의 기운이 가득 차 여자들의 풍기가 어지러워진다"라고 하며 숙정문의 폐쇄를 청했어. 마침 태종은 숙정문을 어떻게 할까 고민하던 중이었기에 단숨에 숙정문을 폐쇄하라고 명했지.

그렇다고 숙정문을 아예 쓰지 않은 건 아니야. 음양오행을 중요하게 생각한 조선에서는 가뭄이 심하면 음에 해당하는 북문인 숙정문을 열고 양에 해당하는 남문인 숭례문을 닫는 제사를 했단다.

폐쇄된 이후 간간이 열리고 닫히기만을 반복하던 숙정문은 연산군이 다스리던 때에 조금 동쪽으로 옮겨 세워졌어. 그런데 막상 문루(성문의 바깥문 위에 지은 다락집)는 없고 돌로 만든 문만 덩그러니 남는 바람에 그대로 사람들의 발길이 끊겼어. 이처럼 오랜 시간 외로웠던 숙정문이지만, 지금은 북악산 등산 코스로 많은 사람들의 사랑을 받고 있으니 외롭지 않을 거야!

058 안동 하회마을
세상에서 제일 귀한 마을

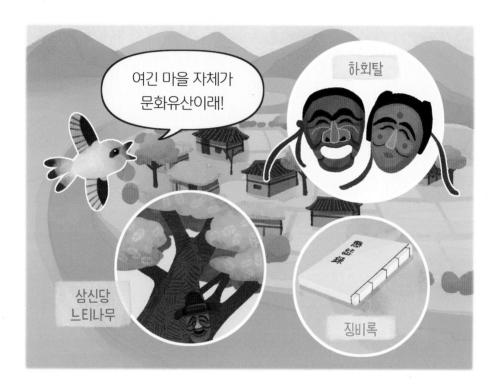

교과서에서 사람의 얼굴을 한 탈을 본 적이 있지? 그 탈은 안동 하회마을에서 만들어진 탈로, '하회탈'이라고 해. 안동 하회마을은 풍산 류씨가 1400년대에 정착해 지금까지 대가 이어지고 있어. 그래서 현재 안동 하회마을은 주민의 70퍼센트 이상이 풍산 류씨란다. 1400년대부터

119

지금까지 전통을 이어 온 마을답게 많은 문화유산이 있는데, 그중에서도 하회탈과 징비록이 가장 대표적이야.

고려시대부터 존재한 하회탈은 우리나라에서 가장 오래된 탈이야. 정월 대보름이 되면 사람들은 탈을 쓰고 하회 별신굿 탈놀이를 즐겼단다. 이 탈놀이는 국가무형문화재로 지정되었고, 안동 하회마을에서는 지금도 탈놀이를 하고 있어. 또한 안동 하회마을은 역사가 깊은 만큼 독특한 민간 신앙도 존재하지. 마을로 들어가면 600년 된 삼신당 느티나무가 있는데, 이 나무를 함부로 만지면 재앙을 입는다는 이야기가 전해진대. 어때, 절대로 만지면 안 되겠지?

안동 하회마을 안에 있는 문화유산들은 대부분 국보나 무형문화재, 보물로 지정되었어. 그러다 보니 2010년에는 하회마을 자체가 유네스코 세계문화유산으로 등재되었지. 마을 전체가 문화유산이 될 수 있다니, 정말 놀랍지 않니?

059 오죽헌
검은 대나무가 자라는 집

조선시대 중기, 누군가 살았던 집이 소중한 문화유산으로 보존되고 있는 곳이 있어. 임금이 살던 궁궐이 아닌 일반적인 집이 문화유산이라

니, 조금 의아하지? 하지만 여기 살았던 사람들의 이름을 들으면 생각
이 좀 달라질 거야. 바로 지폐에 그려진 신사임당과 율곡 이이가 그 주
인공이야! 그들이 살았던 집의 이름은 '오죽헌'이라고 해.

오죽헌은 조선시대 문신인 최치운이 지었는데, 그는 유언을 통해 둘
째 아들인 최응현에게 오죽헌을 물려줬어. 이후 최응현이 자신의 사위
이자 신사임당의 외할아버지인 이사온에게 오죽헌을 넘겨주면서 오죽
헌에 심사임당과 율곡 이이가 살았던 거야. 이후에도 오죽헌의 소유권
은 계속해서 바뀌다가 1975년, 오죽헌 정화 사업으로 강릉시가 오죽헌
을 소유, 관리하게 되었지.

그렇다면 오죽헌이라는 이름은 어떻게 지어진 걸까? 율곡 이이의 이

종사촌 권처균이 오죽헌의 주인으로 있을 때, 뒷마당에 검은 대나무인 오죽이 자라고 있어서 오죽헌이라고 이름을 정한 것이란다. 현재 오죽헌은 다양한 문화유산들을 전시하며 박물관의 역할을 하고 있지.

060 익산 미륵사지 석탑
가장 오래된 탑

우리나라는 다양한 석탑을 갖고 있어. 다보탑, 석가탑 등 예술적으로도 역사적으로도 의미 있는 석탑들이 많이 있지. 그런데 그중에서도 가장 오래된 탑이 하나 있단다. 익산 미륵사에 있다고 해서 익산 미륵사지 석탑이라고 불리는 탑이 바로 그 주인공이야.

미륵사지 석탑은 백제 시절의 문화유산으로, 익산 미륵사가 지어진 639년에 함께 지어졌어. 그 후 백제가 멸망하고, 후백제를 세운 견훤이

훼손된 미륵사지 석탑을 고쳐 가며 보존했어. 하지만 조선시대 무렵에는 미륵사지 석탑의 상태가 좋지 않았지. 그리고 일제 강점기인 1915년에는 미륵사지 석탑의 훼손된 부분에 시멘트를 부어 버리면서 외관과 상태가 더욱 안 좋아졌다고 해.

미륵사지 석탑은 1962년에 국보로 지정된 이후 2001년부터 해체와 복원을 반복했어. 그리고 2017년, 마침내 복원에 성공해 사람들에게 공개할 수 있었지. 현재 석탑은 6층까지 있지만 원래 모습은 9층까지였을 거라고 추측하고 있어.

이처럼 미륵사지 석탑은 여러 번의 해체와 보수 끝에 겨우 다시 세상에 나올 수 있었어. 오랜 시간 동안 아프고 힘들었던 시간들을 버티고

버텨 다시 우리에게 왔기에 더욱 소중한 문화유산이지. 미륵사지 석탑이 더 이상은 아프지 않고, 본연의 모습을 찾을 수 있게 우리 모두가 관심을 갖고 지켜야 해.

❖ 99퍼센트가 모르는 문화유산 지식 ❖

미륵사지 석탑이 세워진 년도는 어떻게 알 수 있었을까? 석탑이 발견된 후, 사람들은 석탑의 1층부터 더욱 자세히 조사를 시작했어. 그 과정에서 다양한 유물이 나왔는데, 639년에 석탑을 만들었다는 기록도 발견되었대.

061 종묘
왕이 왕에게 제사를 바치다

설날에 차례를 지내 본 적 있니? 조상님의 명복을 빌기 위해 여러 음식을 준비하고 가족들이 모여 인사를 드리곤 하지.

그렇다면 예전에 살았던 왕들도 차례나 제사를 지냈을까? 물론 왕도 돌아가신 왕실 어른들에게 제사를 지냈어. 조선을 다스렸던 역대 왕과 왕비의 신주를 모셔 놓은 곳이 따로 있었는데, 그곳이 바로 '종묘'야. 그

리고 종묘에서 열리는 제사가 '종묘 제례'란다. 이 제사는 무려 600년 동안 이어졌다고 해.

종묘는 태조가 한양으로 수도를 정한 후에 지어졌어. 처음에는 종묘 하나만 있었대. 그런데 시간이 지나 조상이 된 왕과 왕비가 많아지자 신주를 모실 공간이 부족해져 세종대왕이 영녕전을 새롭게 짓고 기존에 있던 종묘를 정전으로 칭했어.

특히 정전은 같은 시대의 목조 건축물(나무로 지은 건축물)들과 비교했을 때, 가장 큰 것으로 추정되고 있어. 하지만 큰 규모에도 불구하고 유교의 검소한 기품이 그대로 드러나지. 이러한 특징과 매년 제사를 지내 온 역사를 인정받아, 1995년에 유네스코 세계문화유산으로 등재되었어.

종묘는 16세기 이후 원형 그대로 보존하고 있고, 지금까지도 의례와 음악, 무용 등이 담긴 전통 의식과 행사를 이어오고 있어!

062 진주성
3만 명의 적을 물리친 성

'성'이라고 하면 어떤 이미지가 가장 먼저 떠오르니? 겨울왕국에 나온 얼음으로 된 성? 잠자는 숲속의 공주에 나오는 탑처럼 생긴 성? 역시

'성' 하면 공주와 왕자가 사는 궁전이 가장 먼저 떠오르지.

그런데 우리나라에도 오래된 성이 있단다. 백제 때부터 지금까지 그 자리를 굳건하게 지키고 있는 성, 바로 '진주성'이야. 하지만 진주성은 흔히 우리가 생각하는 예쁜 궁전 같은 성이 아니야. 일본의 침략을 막기 위해 세운 방어벽이지.

삼국시대에 처음 만들어진 진주성은 고려시대부터 조선시대까지 전쟁에 요긴하게 쓰였어. 임진왜란이 한창이던 1592년에 일어난 '진주성 전투'를 대표적인 예로 들 수 있지. 이 진주성 전투에서 진주목사 김시민이 3800명의 군사로 3만 명의 왜군을 물리쳤단다. 하지만 다음해에 일본은 10만 명의 군사를 끌고 와 결국 진주성을 함락시켰지. 임진왜란이 끝나고 진주성은 다시 우리에게 돌아왔어. 하지만 이후 일제 강점기와 6 · 25전쟁을 거치면서 진주성 안에 있는 건물들이 불타 없어지거나 훼손되었지. 우리가 지금 보는 진주성은 복원된 모습이란다.

063 창경궁
어제는 궁, 오늘은 동물원?

세종대왕이 자신의 아버지인 태종에게 선물한 궁궐이 있어. 그 궁궐

의 이름은 '수강궁'이라고 해. 태종은 세종대왕이 선물한 수강궁에서 편하게 지냈어. 이후 성종이 다스릴 때, 수강궁은 당시 대비전의 세 어른이었던 세조의 비 정희왕후, 덕종의 비 소혜왕후, 예종의 계비 안순왕후가 머무를 수 있게 확장 공사를 하면서 '창경궁'이라는 이름을 가지게 돼.

왕족의 편안한 생활을 위해 지어진 창경궁도 임진왜란을 피하지는 못했어. 경복궁 및 창덕궁과 함께 창경궁도 많은 피해를 입었지. 임진왜란이 끝난 후, 창덕궁이 정궁으로 사용되면서 옆에 있던 창경궁에도 여러 건물이 지어졌어. 하지만 인조반정과 이괄의 난 등으로 여러 번의 화재와 공사를 거치게 돼.

시간이 흘러, 일제 강점기 당시 일본은 강제로 창경궁 안의 건물들을 헐고 그 자리에 동물원과 식물원을 만들어 버린단다. 이름까지 '창경원'으로 바꾸며 우리 왕실의 권위를 떨어뜨렸지. 나라가 안정된 이후 문화유산으로 지정된 창경궁은 다시 이름을 되찾고, 복원 작업을 거쳐 사람들에게 공개되었어.

많은 공사를 반복하는 바람에, 현재 창경궁 안에 조선시대 그대로의 건물들은 많이 남아 있지 않아. 그럼에도 아름다운 모습은 빛을 발하고 있지. 국내 관광객뿐 아니라 해외 관광객들도 그 모습을 보기 위해 많이 찾아온단다.

064 창덕궁
축구장보다 68배나 큰 궁궐

실제로 축구 경기를 본 적이 있니? 축구장이 참 넓잖아. 그런데 이 축구장보다 68배나 더 큰 크기의 궁궐이 있어. 그 궁궐은 바로 창덕궁이야.

창덕궁을 크게 지은 이유는 '왕자의 난'이라는 사건과 관련이 있어. 왕자의 난은 왕자들 사이에서 일어난 왕위 다툼인데, 이로 인해 수많은 사람들이 죽고 다치는 바람에, 더 이상 경복궁에서 왕이 살 수는 없다고 하여 창덕궁을 새로 만들었어. 그래서 창덕궁은 정궁보다 더 많이 쓰

인 궁궐이 되었지.

　경복궁의 동쪽에 위치한다 해서 '동궐'로 불리기도 한 창덕궁은 아주 다양하게 쓰였다고 해. 실내에서는 외국 사신을 만나고, 마당에서는 과거 시험을 치르기도 했지. 임금의 자리인 어좌가 있는 인정전, 임금과 신하들이 토론하고 학문에 대해서 얘기하는 선정전, 임금과 왕비의 생활 공간인 희정당, 궁중 정원이라고 불리는 창덕궁 후원 등 다양한 장소가 있어. 이 밖에 터만 남은 곳도 총 12군데나 된다고 해.

　창덕궁은 어마어마한 크기와 오랜 역사에도 불구하고 원래의 모습이 잘 보존되고 있어. 무엇보다 자연과의 조화로운 배치가 너무나 아름답지. 그 가치를 인정받아 1997년 유네스코 세계문화유산으로 지정되었어.

❖ 99퍼센트가 모르는 문화유산 지식 ❖

회화나무, 뽕나무, 향나무, 다래나무 등 창덕궁 안에서 아주 오래전부터 자라 온 나무들도 천연기념물로 지정되었단다.

065 창덕궁 금천교
귀신을 떼어 주는 다리

우리나라 궁궐에 있는 돌다리 중 가장 오래된 건 무엇일까? 바로 창덕궁 금천교야. 조선 초기에 지어진 금천교는 창덕궁의 정문인 돈화문을 지나면 바로 볼 수 있단다. 왕이 사는 궁궐로 들어가려면 금천교를 꼭 지나야 되는데, 그래서인지 이 금천교에는 전설 같은 이야기가 전해 오고 있어. 바로 사람이 금천교를 지날 때, 금천교 아래에 흐르는 물이 사람에게 있는 잡귀를 잡아먹어서 궁궐과 왕을 지킨다는 이야기야.

금천교 아래에 흐르는 금천은 원래 북쪽에서 남쪽으로 흘러내려 궁궐 바깥으로 나가는 물이야. 하지만 이 물이 풍수지리 명당의 조건인 배산임수를 갖춰 주었기 때문에 화강석을 쌓아올려 궁궐 안으로 물을 들어오게 했지.

금천교의 길이는 약 13미터, 너비는 약 12미터로 일반적인 돌다리보

다 크게 지어졌어. 그 이유는 무엇일까? 왕이 궁궐 안팎으로 행차할 때
가마, 시중을 드는 사람들 등이 모두 지나다녀야 했기 때문이야. 1411
년에 만들어진 이후, 많은 전쟁과 불길 속에서도 금천교는 잘 견뎌 냈
어. 현재 처음 만들어진 모습 그대로 역사를 담아 우리에게 전해 주고
있지. 금천교를 건널 일이 있다면, 오래전 왕들의 발자취를 한번 느끼
며 걸어 보렴.

✦ 99퍼센트가 모르는 문화유산 지식 ✦

지금은 금천교 아래에 물이 흐르지 않아. 비가 많이 내린 뒤에
만 가끔씩 물이 흐른단다.

066 천마총
광산보다 금이 많은 무덤이 있다?

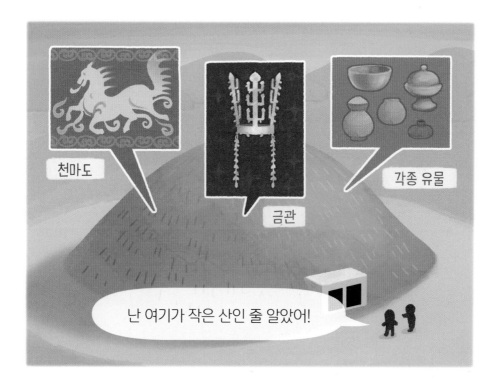

천마도

금관

각종 유물

난 여기가 작은 산인 줄 알았어!

경주에 가면 작은 동산들이 많아. 마치 입구처럼 보이는 문이 달린 동산도 있지. 그런데 우리가 동산으로 착각했던 것이 사실은 무덤이라면, 믿을 수 있니?

이 커다란 무덤들 중 가장 유명한 것은 '천마총'이야. 천마총에서는 하얀 말이 하늘로 올라가는 그림인 '천마도'가 발견되었는데, 천마총이라는 이름도 여기에서 따온 것이래. 그뿐 아니라 금관, 금제관모, 금제과대 등 귀한 유물들이 많이 발견되었어. 이 유물들은 모두 국보로 지정될 만큼 중요한 것들이지. 금, 금, 금자로 시작되는 유물들이 많지? 맞아. 모두 실제로 금으로 만들어진 유물들이란다. 위에서 이야기한 유물을 포함해 천마총에서 발견된 유물은 총 몇 개나 될까? 무려 장신구 8767개, 무기 1234개, 말을 위한 도구 504개, 그릇 226개, 나머지 796개… 다 합쳐서 1만 개가 훌쩍 넘으니 정말 어마어마한 양이지?

천마총을 처음 조사했던 사람들은 무덤의 크기와 안에 들어있는 수많은 귀중품을 보고 왕릉(왕의 무덤)으로 추측했어. 많은 연구 끝에 천마총은 6세기 초 신라시대 지증왕의 왕릉일 것이고, 무너진 곳이나 훼손된 곳이 없는 완성형에 가까운 무덤이라는 판단을 내렸지.

067 해인사 장경판전
건물에 숨어 있는 과학

팔만대장경이라는 문화유산을 지키기 위해서 만들어진 건물이 있어. 조선시대부터 지금까지 굳건히 자리를 지키고 있는 이 건물은 바로 '해인사 장경판전'이야.

해인사 장경판전은 세계에서 유일하게 '목판을 보관하기 위한 목적'으로 만든 건물로, 가야산 깊숙한 곳에 있어. 그러다 보니 수많은 전쟁을 겪어도 피해가 크지 않았지. 나무로 만든 건물이라, 건물이 썩는 현상을 막기 위해 가끔씩 수리한 것만 빼면 원형이 그대로 유지되었다고 볼 수 있어.

아까 팔만대장경을 지키기 위해서 만들어졌다고 했지? 과연 어떻게 보관해야 팔만대장경이 상하지 않도록 잘 지킬 수 있었을까? 사실 우리 조상님들은 이미 해답을 알고 계셨어. 산에서 불어오는 바람이 지나갈 수 있도록 창문의 크기와 배치를 고려하여 만들었지. 그리고 건물 안 흙 바닥 깊숙한 곳에 숯과 횟가루, 소금, 모래를 섞어 자연적으로 습도가 조절되도록 했단다. 아주 과학적이지?

직접 해인사 장경판전을 방문해서 볼 수 있으면 좋겠지만, 아쉽게도 현재 장경판전 안에 관람객은 절대로 들어갈 수 없어. 오직 팔만대장경만 소중히 보관하고 있거든.

068 행주산성
군사와 백성이 힘을 합치다

임진왜란에는 손에 꼽는 3대 대첩이 있어. 먼저 이순신 장군이 왜군을 크게 물리쳤던 '한산도대첩', 진주성에서 우리 군과 왜군의 치열한 공방전이 오갔던 '진주대첩', 그리고 마지막으로 군사와 백성이 힘을 합쳐 이긴 '행주대첩'이야. 행주대첩은 행주산성에서 일어났어. 행주산성은 흙을 쌓아서 만든 토성인데, 토성은 삼국시대 초기에 많이 만들어졌단다. 그래서 행주산성 역시 삼국시대 때 만들어졌을 거라고 추측하고 있지.

행주대첩은 행주산성에서 전라도순찰사 권율의 지휘하에 진행되었어. 권율은 행주산성 특유의 험난한 지형을 이용하여 왜군들을 물리치

는 작전을 세웠지. 병력을 나눠서 일부 병사들은 한강과 행주산성 중간
에서 일본군을 견제했고, 남은 병사들은 권율을 따라 흙과 돌을 더 쌓아
서 행주산성을 높게 만들었어. 그리고 산성 안에는 일본군을 격퇴할 수
있는 무기와 대포를 준비했대.

　여기서 잠깐, 재미있는 이야기를 하나 들려줄게. 행주대첩 당시, 행
주치마(부엌일을 할 때 두르는 앞치마)가 큰 역할을 했다는 사실을 알고 있
니? 당시 일본군에 비해 우리의 군사가 너무 적어서 많은 백성들이 자의
로 전쟁에 나섰대. 여성들도 나라를 지키겠다며 많이 나섰는데, 그들은
앞치마를 짧게 잘라 허리에 두르고 전투에 사용할 돌을 담아서 날랐단

다. 이때부터 앞치마를 행주치마라고 부르게 되었다는 이야기도 있어.

그렇게 남녀노소, 군인과 백성 구별할 것 없이 모두 한마음으로 나라를 지키기 위해 싸웠고, 결국 일본군을 물리치는 데 성공했어! 과거에는 많은 이들이 목숨을 걸고 싸웠던 슬픈 공간이지만, 오늘날 행주산성은 많은 사람들이 찾는 관광 명소가 되었어. 1969년에 행주산성 전체가 문화유산으로 지정되었고, 이후 사람들에게 개방되어 등산 코스로 사용되기 시작했지. 또, 행주대첩이라는 역사적 사건이 일어난 곳이기에 많은 학교에서 체험 학습 장소로도 자주 찾고 있단다.

❀ 99퍼센트가 모르는 문화유산 지식 ❀

행주대첩의 승리와 전쟁의 선봉장에 섰던 권율 장군을 기리기 위해 행주산성 정상에는 행주대첩비가 세워졌어.

069 흥인지문
수도의 동쪽을 지키다

조선의 수도, 한양을 지키기 위해 동서남북에 만든 문을 알고 있지? 이번에는 동쪽에 위치한 흥인지문(동대문)을 알아볼 거야!

　흥인지문은 다른 문에 비해 조금 늦게 완성되었어. 그 이유는 서대문인 돈의문, 남대문인 숭례문과는 달리 지반이 낮았거든. 그래서 흥인지문은 먼저 흙을 뿌려서 땅의 높이를 맞춘 후에 성곽을 올리기 시작했지. 하지만 다른 문들보다 천천히 지은 덕분인지, 완성된 흥인지문의 성곽은 아주 반듯하고 튼튼했어.

　그럼에도 흥인지문은 여러 번 공사를 거쳤어. 한 번은 커다란 상여(죽은 사람이 타는 가마)가 흥인지문을 지나가야 하는데 문의 높이가 낮아 나가지 못하자, 문에 있는 돌을 파낸 일도 있었대. 일제 강점기 직전인 1907년에는 일본군이 흥인지문과 숭례문의 성벽을 허물고 전차 선로를 설치했어. 광복 후에는 옹성의 보존을 위한 작업을 했고, 2015년에는 전차 선로 설치로 없앴던 성벽의 복원을 완료했지. 이처럼 수차례 공사를 반복한 흥인지문은 현재 완벽하게 복원되어 보존되고 있단다.

❖ 99퍼센트가 모르는 문화유산 지식 ❖

흥인지문에는 반원 모양으로 된 옹성을 만들었어. 옹성은 전쟁에 특화된 성으로, 적의 침입에 효과적으로 대응할 수 있지. 옹성이 있는 곳은 사소문, 사대문을 합친 여덟 개의 성문 중 흥인지문이 유일해. 혹시 근처를 지나가게 되면 옹성의 벽을 잘 관찰해 봐. 지금도 전쟁의 흔적을 발견할 수 있으니 말이야!

4장

손끝에서
탄생한
문화유산

070 갓
세상에서 가장 멋있는 모자

독특하고 멋진 모자야!

한국의 '갓'이래.

나 알아! 드라마에서 봤어.

나 요즘 세계적으로 유명해진 것 같아.

갓의 조상 패랭이와 초립도 기억해 줘.

　우리나라 사극 드라마나 영화를 보면 사람들이 꼭 쓰고 나오는 모자가 있지? 그 모자가 바로 '갓'이야. 갓의 역사는 삼국시대에서 시작되었는데 많은 사람들이 갓을 쓰기 시작한 시대는 고려시대란다. 고려의 관리들은 법에 따라 갓을 꼭 써야만 했대. 1367년 7월부터는 관직에 따라 백옥, 청옥, 수정으로 장식된 갓을 쓰게 했지. 이러한 변화로 인해 갓은 부자 혹은 신분이 높은 사람들의 상징이나 다름없게 되었어. 조선시대에도 갓은 여전히 부자의 상징이었기 때문에, 양반들은 갓을 꼭 썼지. 그러던 1895년, 노비나 서민들도 갓을 쓸 수 있도록 법이 바뀌었다고 해. 이때부터 사람들은 너도나도 갓을 쓰기 시작했어.

아주 오랜 시간 동안 갓은 우리의 전통 의상이었으니, 겉모습 또한 여러 형태로 발전되어 왔겠지? 우리가 아는 갓의 이전 모습으로는 패랭이가 있어. 패랭이는 대나무를 자르고 엮어서 만든 모자로, 정중앙이 볼록 튀어나온 것이 특징이야. 패랭이의 진화형은 초립으로, 패랭이와 비슷해 보이지만 재료와 모양에 차이가 있지.

이처럼 갓은 패랭이, 초립을 거쳐 흑립으로 최종 진화했어. 흑립은 우리가 흔히 아는 갓의 모습이야. 물론 지금은 주위를 둘러봐도 갓을 쓰는 사람이 없지만, 드라마나 영화를 통해서 명맥을 이어오고 있단다. 조선 시대의 좀비 이야기를 그린 드라마로 인해 우리나라의 갓이 세계적으로 유행을 탄 적도 있지. 우리의 것이 세계의 멋이 된 거야!

❀ 99퍼센트가 모르는 문화유산 지식 ❀

갓이 부자의 상징이 된 이유도 사실 흑립 때문이라고 할 수 있어. 흑립의 재료 중에는 조선시대에 매우 귀했던 동물인 말의 꼬리나 갈기로 만든 말총이 들어가거든. 그래서 흑립은 매우 비싼 취급을 받았고, 흑립을 보관하기 위해 갓집도 등장했다고 해.

경주 불국사 금동아미타여래좌상
온몸이 금으로 된 불상

경주 불국사에는 온몸이 금으로 된 불상이 있어. 불국사 극락전에 있는 이 불상의 이름은 '금동아미타여래좌상'이야. 금동아미타여래좌상은 통일신라시대 때 만들어졌어.

751년에 본격적으로 짓기 시작한 불국사와 함께 금동아미타여래좌상이 만들어졌는데, 좌상坐像이라는 이름 그대로 앉아 있는 모습을 하고 있어. 검게 칠한 구슬 모양의 금동 수백 개를 붙여 머리카락을 표현했고, 이마와 구레나룻을 깔끔하게 정리해서 정돈된 모습을 하고 있지.

금동아미타여래좌상이 입고 있는 옷은 단단한 금동임에도 옷의 주름이 매우 자세하게 표현되어 있어. 왼쪽 팔에서 옷이 흐르는 부분, 가슴 쪽 옷이 흘러내리는 걸 막기 위해 튀어나온 옷의 앞섶, 조금 볼록한 배에 의해 아래로 흐르는 옷의 표현을 보면 통일신라 사람들이 금동아미타여래좌상을 만들 때 얼마나 공을 들였을지 짐작할 수 있어.

떡 벌어진 어깨와 당당한 가슴, 사실적이고도 세련된 금동아미타여래좌상은 통일신라시대의 3대 금동불상이라 불릴 만큼 웅장한 모습을 하고 있단다. 백문이 불여일견! 불국사에 가서 직접 보면 더 잘 알 수 있을 거야.

072 김구 서명문 태극기
가장 의미 있는 낙서

3월 1일이나 8월 15일에 태극기를 달아 본 적 있겠지? 우리가 꼭 기억해야 할 중요한 국가 기념일에는 태극기를 달며 고마운 선조들을 떠올리곤 하지. 그렇다면 혹시 누군가의 글이 쓰인 태극기를 본 적이 있니? 역사 속 인물이 태극기에 글을 썼고, 우리 후손들은 이 태극기를 소

중히 간직하고 있어. 과연 누구의 글일까?

바로 김구 선생이란다. 그의 글이 쓰인 태극기가 '김구 서명문 태극기'
야. 1941년 3월 16일, 김구는 태극기에 자신의 의지가 담긴 글을 쓴 뒤,
매우사 신부에게 이 태극기를 주었어. 그리고 미국에 사는 도산 안창호
선생의 부인 이혜련 여사에게 전해달라고 부탁했지. 태극기에는 다음과
같은 글이 적혀 있었대.

매우사 신부에게 부탁하오. 당신은 우리의 강복 운동을 성심으로 돕는
터이니 이번 행차의 어느 곳에서나 우리 한인을 만나는 대로 이 의구(올
바른 글)의 말을 전하여 주시오. 지국(망한 나라)의 설움을 면하려거든,
자유와 행복을 누리려거든, 정력·인력·물력을 광복군에게 바쳐 강노말

세(힘을 가진 세상의 나쁜 무리)인 원수 일본을 타도하고 조국의 독립을 완성하자. 1941년 3월 16일 충칭에서 김구 드림.

19세기에 제작했다는 것 외 정확한 제작 연도와 어떻게 제작하게 되었는지 등 김구 서명문 태극기와 관련된 자세한 정보는 밝혀지지 않았어. 하지만 일제 강점기 시절 대한민국 임시정부를 이끈 김구가 직접 쓴 글이라는 점에서 역사적 의미와 연구 가치가 매우 큰 문화유산이야.

073 돌하르방
제주도를 지키는 할아버지

'제주도' 하면 가장 먼저 뭐가 떠오르니? 푸른 바다, 해녀, 귤, 흑돼지, 말… 정말 다양한 것들이 떠오르지? 그중에서도 제주도의 대표적인 상징인 이것을 빼놓을 수 없지! 바로 마을의 수호신, 돌하르방이야. 돌하르방이라는 이름은 제주도 사투리로 '돌 할아버지'라는 뜻이지.

그런데 돌하르방은 왜 마을의 수호신이라 불리게 되었을까? 지금은 관리와 보존을 위해 돌하르방을 박물관 등에 많이 옮겨 두었지만, 조선 시대에는 지방 관청과 성문 등 마을 곳곳에 돌하르방이 있었기 때문에 마을의 수호신이라 불리게 되었단다.

그럼 돌하르방은 언제 나타난 걸까? 돌하르방은 영조가 다스리던 1754년에 처음 만들어졌다고 추정하고 있어. 제주목사 김몽규가 성문 앞에 돌하르방을 세웠다는 기록을 통해 알 수 있지. 직접 만든 건지 돌로 물건을 만드는 장인에게 부탁을 해서 만든 것인지는 모르지만 확실한 건 육지의 장승 역할을 돌하르방이 했다는 거야.

돌하르방에게는 여러 가지 이름이 있어. 우석목, 무석목, 벅수머리로도 불렸다고 해.

148

빙글 빙글

옛날 사람들은
두부를 만들 때
맷돌을 썼대!

"어이가 없네?"

여기서 '어이'가 어디에서 온 단어인지 혹시 알고 있니? 놀랍게도 맷돌에서 온 단어란다. 어이는 맷돌의 아랫돌과 윗돌을 고정시켜 주는 장치이자, 맷돌을 돌릴 때 잡는 손잡이를 뜻하지. 맷돌의 손잡이가 없어서 곡식을 갈 수 없는 상황에 나온 말이 바로 "어이가 없네"인 거야.

맷돌의 크기는 아주 다양한데, 지름 20센티미터 정도의 작은 것부터 지름이 1미터나 될 만큼 큰 맷돌도 있어. 이처럼 크기가 달랐던 이유는 집이나 절, 음식점 등 다양한 장소에서 맷돌이 사용되었기 때문이지. 고기를 먹지 않는 절에서는 불린 콩을 갈아서 두부를 많이 만들어야 했기 때문에 큰 맷돌을 사용했고, 곡식을 맷돌에 갈아서 껍질을 까던 집에서는 작은 맷돌을 사용했어.

언제부터 맷돌을 사용했는지에 대한 자세한 기록은 없지만, 문화유산으로 지정된 맷돌 중에는 삼국시대 때 만들어진 것도 있지. 신석기시대에 '갈돌'을 만들어서 곡물이나 열매 등을 가는 데 사용한 걸 보면, 맷돌은 신석기시대부터 지금까지 이어져 왔다고 생각할 수도 있어!

요즘은 가정집에서 맷돌을 잘 사용하지 않지만, 불과 얼마 전까지만 해도 맷돌은 우리 일상생활에서 항상 함께하던 물건이야. 지금도 맷돌은 다양하게 활용할 수 있는 우리의 소중한 문화유산이란다. 다시 많은 사람들이 맷돌을 사용할 수 있도록 우리가 기발한 아이디어를 하나씩 내 보는 건 어떨까?

075 백자 달 항아리
달을 쏙 빼닮은 항아리

항아리가
나를 쏙 빼닮았네!

　조선시대에는 사람들 사이에 하얀색 도자기가 유행했어. 달을 너무 사랑한 나머지, 달처럼 생긴 도자기를 만들어 집에 보관하곤 한 거야. 달과 꼭 닮아 '달 항아리'라는 애칭을 갖게 된 백자가 바로 그 주인공이란다! 과연 백자 달 항아리가 어떻게 만들어졌는지 함께 알아볼까?

　달 항아리는 커다랗고 둥글기 때문에 한 번에 전체를 다 만들지는 못

151

했다고 해. 그래서 가운데 부분을 기준으로, 반씩 나눠서 만든 다음 붙였지. 달이라는 이름처럼 전체적으로 동그랗지만, 자세히 보면 옆에 조금 삐져나온 부분이 있어.

백자는 신라 말부터 고려시대에도 만들어졌어. 고려시대하면 고려청자가 먼저 떠오른다고? 맞아, 당시 백자는 고려청자보다 인기가 없었고 유명하지도 않았어. 그리고 고려시대의 백자는 발전하는 단계였기 때문에 두께가 얇고 청자처럼 푸른색을 띄기도 하는 등 아직 부족함이 많았어. 14세기 후반, 중국의 백자 기술을 받아들인 후에는 두께와 색깔이 정돈되었지. 조선시대가 되자 백자는 사람들이 가장 많이 찾는 도자기가 되었어. 이 사실을 안 조정에서는 백자 전문가들을 모아 백자를 만들게 했고, 그들에게 백자를 관리하는 방법도 배웠다고 해.

하지만 전쟁이라도 한번 일어나면 도자기는 대부분 깨져 버리지. 그래서 현재 백자는 거의 다 파괴되었어. 쉽게 깨진다는 단점에다, 더 발전된 기술로 만든 외국 그릇이 들어오면서 점점 백자를 찾는 사람들이 줄어들기 시작했지. 그렇게 백자는 우리 생활에서 멀어져 갔단다. 하지만 달을 사랑해서 달을 닮은 백자를 소장했던 그때를 떠올리면 너무 낭만적인 것 같아.

076 백제 금동 대향로
진흙 속에서 발견한 보물

진흙 속에서 1400년만에 발견된 보물이야!

아름다워…!

　우리나라에서는 공사를 하다가 문화유산이 발견되는 경우가 종종 있어. 그만큼 오랜 역사와 많은 문화유산을 가지고 있는 뿌리 깊은 나라인 거지. 공사 현장에서 발견된 문화유산 중 대표적인 것이 바로 백제 금동 대향로야.

　1993년 12월 12일, 부여 능산리에서 주차장 공사가 한창이었어. 그런데, 진흙 속에 뭔가 단단한 게 있어서 파 보니 백제 때 만든 금동 대향로가 몸과 뚜껑이 나눠진 채로 있는 거야! 오랜 시간 진흙 속에 묻혀 있었음에도 백제의 공예 실력은 선명하게 드러났지. 심상치 않은 물건이라고 생각한 사람들이 금동 대향로에 묻은 진흙들을 조심스럽게 벗겨 냈어. 그러자 오랜 시간 땅 속에 감춰져 있던 향로의 아름다운 모습이 나타났어. 무려 1400년 이상의 긴 시간을 버틴 백제 금동 대향로가 드디어 다시 세상의 빛을 보게 된 거야.

백제 금동 대향로는 높이 약 62센티미터, 무게 약 12킬로그램으로 꽤 크고 무거운 물건이란다. 향이 나오는 봉황, 뚜껑, 몸체, 받침대 총 네 부분으로 이루어져 있고, 매우 정교한 작품이라는 점에서 전문가들은 백제 왕실에서 중요한 의식이 있을 때 사용했던 물건으로 추측하고 있어.

백제 금동 대향로에 얽힌 일화가 하나 있단다. 2002년에 한국과 일본이 월드컵을 공동 개최하였는데, 이를 기념으로 서로 국보급 문화유산을 교환하기로 했어. 이때 백제 금동 대향로의 엄청난 가치를 알아본 일본이 금동 대향로를 요구했지. 하지만 우리 정부에서는 허락하지 않았고 일본은 어쩔 수 없이 다른 문화유산으로 만족해야 했대.

백제 금동 대향로는 기회가 있다면 꼭 실제로 보는 것을 추천해. 오래 전에 만든 게 맞는지 의문이 들 정도로 섬세한 공예 실력에 깜짝 놀랄 거니까!

077 성덕대왕 신종
신기한 전설을 가진 종

에밀레…

에밀레…

뭔가 구슬픈
소리가 나는군….

　통일신라시대에 절에 걸어 두기 위해 만들었던 종이 있어. 바로 '성
덕대왕 신종'이야. 그런데 이 종은 커도 너무 커! 높이가 약 4미터, 입
지름이 약 2미터, 무게는 무려 19톤에 가까워서 다른 종들보다 압도적
인 규모를 자랑하고 있지. 절에 걸어 두는 커다란 종을 범종이라고 하
는데, 현재까지 발견된 범종은 많지만 이렇게 큰 종은 성덕대왕 신종이
처음이란다.

성덕대왕신종과 관련된 신기한 전설이 있는데, 궁금하지 않니? 성덕대왕 신종을 만드는 데 계속 실패하자, 당시 우두머리 장인이었던 '일전'이라는 사람이 많은 비난을 받았어. 당시 일전에게는 혼자서 아이를 키우는 여동생이 있었는데, 오빠가 종을 제대로 만들지 못하는 것이 자기 탓이라고 생각했지. 그래서 고민 끝에 해서는 안 될 짓을 저질러. 자신의 아이를 종을 만드는 쇳물 도가니에 던져 죽인거야! 그 후, 종이 완성되고 종을 칠 때마다 아이가 엄마를 원망하는 소리인 "에밀레"로 들린다고 해서 성덕대왕 신종을 다른 말로 에밀레종이라고 부르기 시작했대. 믿거나 말거나 하는 이야기지만, 실제로 성덕대왕 신종을 에밀레종이라고 부르기도 해.

❖ 99퍼센트가 모르는 문화유산 지식 ❖

성덕대왕 신종은 1460년까지 봉덕사에 걸려 있다가 장마로 인해 영묘사로 옮겨져. 이후 봉황대, 징례문 등을 거쳐 현재는 국립경주박물관에 있단다.

078 쌍자총통
우리의 힘으로 만들어 낸 무기

쌍자총통

승자총통

꼭 피리처럼 생겼어요.

빵!

이건 조선시대 때 우리 기술로 만든 총이란다!

혹시 진짜 총을 본 적 있니? 물론 장난감 총을 갖고 있는 친구들은 있겠지. 영화나 드라마, 장난감 등을 통해 총을 볼 수는 있지만, 진짜 총을 보고 만지기는 쉽지 않아. 특히 우리나라는 허가받지 않은 총기 소지가 불법이기 때문에 총을 거의 볼 수 없지. 그런데 조선시대에 순수하게 우리 기술로만 만든 총이 있었다는 사실, 알고 있니?

1575년부터 1578년까지 우리 군이 사용했던 총이 있어. 총구를 통해 화약과 실탄을 장전하고, 손으로 직접 약선에 불씨를 붙여서 쏘는 형식의 '승자총통'이란 총이었지. 그리고 승자총통을 더 발전시킨 것이 '쌍차총통'이란다.

쌍자총통과 승자총통은 사용하는 방법이 비슷한데, 총구에 화약과 실탄을 넣은 다음 중앙의 선에 불을 붙이면 총알이 발사되지. 쌍자총통은 한쪽 총신에 세 발씩, 동시에 여섯 발을 발사할 수 있어서 승자총통보다 화력이 더 좋았어. 수많은 병사가 한 번씩만 쏴도 위력이 어마어마했지. 비록 원거리 공격이 불가능하고 총을 연달아 쓰기 어렵다는 단점이 있었지만, 당시 기술로는 엄청 세련되게 만든 것이라 할 수 있어.

하지만 쌍자총통도 일본군의 최신식 조총을 당해내지는 못했어. 그리고 이후 조선에도 조총이 들어오면서 쌍자총통은 자연스럽게 역사 속으로 사라졌지. 하지만 당시 쇄국 정책(다른 나라와 교류하지 않는 정책)을 펼치던 조선이었기에, 순수 우리 기술로만 만들어 낸 총이라는 데 큰 의미가 있단다.

079 장승
귀신을 쫓는 무서운 얼굴

예전에는 마을마다 입구에 마을을 지키는 수호신이 서 있었어. 어떤 수호신은 돌로 되어 있고, 어떤 수호신은 나무로 되어 있기도 했지. 이 수호신의 이름은 '장승'이라고 해. 장승은 고대부터 내려온 것으로 예상되지만, 남아 있는 기록 중 가장 오래된 것은 신라 경덕왕 시절의 기록이야. 이후 장승은 고려시대, 조선시대, 현대까지 계속해서 세워졌지.

장승은 크기도 제각각인데 작게는 1미터에서 큰 것은 3미터 정도 되

159

는 것도 있어. 큰 장승들은 보통 개인이 아니라 여러 사람이 힘을 합쳐서 만들지. 절이나 마을 입구 앞에 세워 놓고 장승의 몸통에 '악귀가 오지 않기를'이라는 문구를 새겨 넣기도 해. 장승이 대부분 무섭게 생긴 이유도 악귀를 내쫓기 위해서지. 그리고 앞서 이야기했듯 장승은 나무로 만들 수도 있고, 돌로 만들 수도 있어. 그런데 지금 문화유산으로 지정된 장승들은 대부분이 돌로 만든 것들이야. 왜 그럴까? 나무로 만든 건 썩어서 없어졌거나, 전쟁의 불길에 타버려서 남아 있는 게 거의 없기 때문이야. 현재 문화유산으로 지정된 장승 중에서 나무로 만든 것은 지리산 벽송사 입구에 세워져 있단다.

옛날 사람들에게 장승은 마을과 절, 그리고 자신과 가족을 지키는 수호신 같은 존재였기 때문에 장승제라는 의식을 지내기도 했어. 액땜을 하고 복만 가득하길 바라는 백제의 토속신앙에서 시작된 장승제는 현재 민속놀이가 되어 공주 탄천장승제라는 이름으로 계속되고 있단다.

080 장영실의 발명품
조선이 낳은 희대의 천재

우리나라를 대표하는 발명가로는 누구를 뽑을 수 있을까? 지금까지 많은 발명가가 있었겠지만, 그중 최고의 발명가로는 단연 장영실을 꼽

자격루
(물시계)

앙부일구
(해시계)

측우기

날 조선 최고의
발명가라고 불러 줘.

장영실

을 수 있어! 장영실은 원래 노비 신분이었지만, 그럼에도 불구하고 관직에 오를 만큼 우수한 발명품을 많이 만들었지. 그중에 대표적인 몇 가지를 알아볼까?

가장 먼저 알아볼 발명품은 물시계인 '자격루'야. 그전에도 시계의 기능을 하는 다른 발명품이 있기는 했어. 하지만 한 시간, 두 시간처럼 작은 단위의 시간까지는 알 수 없었기 때문에 더 정교한 시계를 만든 거야. 자격루는 물이 이동하여 시간에 따라 종, 북, 징을 울리는 알림 기능까지 있었지.

또한 장영실은 해시계인 '앙부일구'도 만들었는데, 하늘을 바라보는 가마솥 모양이라고 생각하면 돼. 둘레에는 시간을 알려 주는 열두 종류의 동물을 표시했어. 중앙에 설치된 뾰족한 모양인 영침이 빛을 받아 생긴 그림자가 동물을 가리키면 그에 해당하는 시각을 알 수 있었지.

물론 여기서 끝이 아니야. 금속으로 된 원통에 빗물이 떨어지면 비가 얼마나 오는지 알려 주는 기구인 측우기도 만들었어. 이 측우기는 세계에서 가장 먼저 만든 우량계(비의 양을 재는 기구)로, 유럽 국가와 비교하면 무려 200년이나 빨리 만들어 냈다고 해. 이 사실만 봐도 장영실이 얼마나 대단한 발명가인지 쉽게 알 수 있지?

081 천상열차분야지도 각석
돌 위에 별자리를 새기다

조선시대에 하늘에 있는 별자리들을 새긴 석판이 있었어. '천상열차분야지도 각석'이라고 하는 천문도야. 천문도는 별자리들을 석판, 나무, 동에 새기거나 종이에 그린 것을 말한단다.

사실 고려시대에도 천문도가 존재했는데, 전쟁으로 인해 강에 빠져

사라지고 천문도를 베껴서 그렸던 그림들도 거의 불타 버렸어. 그렇게 고려시대의 천문도는 완전히 없어진 줄 알았지. 하지만 태조 이성계가 조선을 세웠을 때, 누군가 이성계를 찾아와 천문도를 바쳤대. 이에 이성계는 권근을 포함한 12명의 천문학자에게 대리석에 천문도를 새기라고 명령했고, 그렇게 해서 탄생한 것이 천상열차분야지도 각석이란다.

천상열차분야지도 각석에는 중심에 위치한 북두칠성을 포함해 1467개의 별자리가 있어. 별자리 옆에는 그 별자리의 이름도 적혀있지. 그리고 별의 밝기에 따라 별자리의 크기를 다르게 새겼어. 이 별자리들을 통해 해, 달, 수성, 금성, 토성, 화성, 목성의 움직임과 언제 봄과 겨울이 오는지도 알 수 있게 되었다고 해.

천상열차분야지도 각석은 경복궁에 보관되어 있다가 임진왜란 때 없어졌는데, 숙종 때 발견되었어. 하지만 이후 일제 강점기 동안 땅속에 묻혀 있다가 1960년대에 다시 발견되었단다. 발견된 천상열차분야지도 각석의 모습은 정말 처참했어. 돌에 새긴 수많은 별자리는 전혀 보이지 않았고, 갈라진 곳과 깨진 곳이 많아서 아주 작은 별자리는 현미경으로 아무리 확대해도 알아볼 수 없었으니 말이야. 하지만 최대한 복원을 해서 지금은 잘 보관하고 있어!

082 청자 상감운학문 매병
기와집 20채와 맞바꾼 도자기

청자는 중국에서 처음 만들기 시작했어. 하지만 고려 사람들이 자신들만의 독특한 기술인 '상감 기법'을 개발하면서 훨씬 더 아름다운 청자를 만들기 시작했어. 상감 기법은 겉면에 무늬를 새기고, 그 무늬를 흰색이나 붉은색 흙으로 메운 다음 유약을 발라 구워 내는 방식이야. 이렇게 만든 고려청자는 너무나 아름다워서 전 세계에서 최고로 인정받고 있지.

그런데 그 청자 중에서도 최고로 꼽히는 청자가 있어. 바로 12세기 후

반에 만들어진 '청자 상감운학문 매병'인데, 당시 고려의 청자가 얼마나 발전했는지 보여 주는 대표적인 청자야. 날아다니는 학의 무늬가 전체적으로 새겨져 있는데, 심심하지 않게 학 근처에 꼭 구름을 새겨 넣었어. 이처럼 구름과 학이 함께 있는 무늬를 '운학문'이라고 한단다.

그런데, 이렇게 아름다운 청자 상감운학문 매병은 일제 강점기에 일본 도굴꾼들에 의해서 일본으로 넘어가게 돼. 그러던 1935년, 간송 전형필이 골동품 수집가인 마에다 사이이치로에게 당시 기와집 20채의 돈이었던 2만 원을 주고 구입해서 국내에 들여왔어. 이후 간송미술문화재단에서 소유하고 있지.

청자 상감운학문 매병은 앞서 이야기한 것처럼 간송미술관에서 안전하게 보관하고 있지만, 언제나 볼 수 있는 것은 아니야. 아주 가끔씩 일반 시민들이 관람할 수 있도록 다른 박물관과 협력해서 특별전을 열 때에만 관람할 수 있지. 쉽게 깨질 수도 있는 문화유산인 만큼 안전하게 지켜야 하니, 아쉽지만 어쩔 수 없겠지?

5장

생활 속의
문화유산

강강술래
일본군은 왜 도망쳤을까?

강강술래는 아주 먼 옛날부터 지금까지 전해 온 민속놀이 중 하나야. 음력 8월 15일이 되면 여성들이 다 같이 손에 손을 잡은 다음 커다란 동그라미를 만들어서 춤추고 노래하는데, 이 놀이를 강강술래라고 불러.

강강술래에는 흥미로운 일화가 하나 있어. 우리나라의 영웅, 이순신 장군과 관련된 이야기야. 이순신 장군이 명량 해전을 벌이고 있을 때였어. 우리나라 수군과 일본 수군이 해남 우수영에서 대치했는데, 이순신 장군은 우리의 머릿수를 많아 보이게 하기 위해서 한 가지 꾀를 썼지. 여성들에게 남자 옷을 입힌 다음, 옥매산 꼭대기에 올라가 손에 손을 잡고 빙빙 돌게 만든 거야. 이를 발견한 일본 수군은 우리나라 수군 병사들의 숫자가 아주 많은 줄 알고 도망쳤다고 해. 사실상 여성들이 이끈 승리나 다름없던 이 전투를 기념하기 위해, 그 뒤로도 강강술래를 했다고 해.

옛날부터 내려오던 놀이인 강강술래는 이제 우리의 소중한 문화유산이 되었단다. 1966년에는 국가무형문화재 제8호로 지정되었고, 2009년에는 유네스코 세계인류구전 및 무형유산 걸작으로 선정되었지.

084 강릉단오제
즐거울수록 풍년이다

요즘은 딸기 축제, 벚꽃 축제, 송어 축제 등 계절마다 다양한 축제가 열려. 혹시 축제에 가본 적 있니? 다양한 먹거리와 재밌는 공연, 여러 가지 특별한 체험도 할 수 있는 축제는 모두를 설레게 하지. 옛날에도 이런 축제가 있었는데, 그중 하나가 바로 '강릉단오제'야.

강릉단오제는 매년 음력 5월 5일에 열리는 축제인데 언제부터 시작됐

축제를 열어서 산신님을
즐겁게 해 드리면 풍년이 올 거야!

는지는 정확히 알 수 없어. 하지만 기원전 82년에 세워진 동예에 '무천'
이라는 축제가 있었는데, 아마 여기서 유래했을 거라고 추측하고 있지.
무천은 산신에게 곡식이 잘 자라게 해 달라고 비는 행사란다.

그렇다면 지금은 어떨까? 사실 시간이 많이 흐르면서 강릉단오제의
전통은 점차 사라지고 있어. 하지만 지금도 강릉단오제를 찾아가면 다
양한 체험을 할 수 있단다. 제사 의식에 참여할 수도 있고, 단오선 부채
를 만들거나 신에게 바칠 술을 담글 수도 있어. 관노가면극에 쓰이는 가
면을 만들고 수취리떡을 빚어서 먹기도 하지. 또 조상님들처럼 창포물
에 머리를 감아 볼 수도 있다고 해.

강릉단오제를 처음 기록으로 남긴 사람은 '홍길동전'을 쓴 조선의 소설가 허균이야. 허균의 고향이 강릉이었거든.

085 김장 문화
김치 없이는 못 살아!

우리나라의 대표적인 음식하면 김치가 빠질 수 없겠지? 김치에는 우리가 가장 흔히 먹는 새빨간 배추김치와 깍두기, 그리고 하얀 동치미도 포함돼. 이렇게 다양하고 맛있는 김치를 만드는 일을 '김장'이라고 하는데, 김장을 위해 초겨울부터 배추, 무, 고춧가루, 쪽파, 소금, 설탕, 마늘 등의 재료들을 준비하곤 하지.

그렇다면 김장 문화는 과연 언제부터 시작되었을까? 김장 문화가 처음 기록으로 나타난 것은 고려시대의 '동국이상국집'이야. 여기에는 무를 소금에 절여 겨울에 대비한다는 글이 있어. 지금과 달리 옛날에는 겨울에 먹을 것을 쉽게 구할 수 없었지. 가진 것이 별로 없던 농민들은 초겨울에 김장을 한 다음, 겨울 내내 김치를 먹으며 버텼던 거야.

조선시대에는 김장 문화가 전국으로 퍼지기 시작하면서 각 지역마다

온갖 재료들이 겨우내 이 안에서 맛있는 김치로 다시 태어나는 거야.

김치에 넣는 재료가 조금씩 바뀌었어. 남부 지방은 멸치젓을 넣고, 전라도에서는 찹쌀풀이나 쌀을 넣어서 김장을 했어. 재료나 방식은 조금씩 다르지만, 김치를 담그지 않는 곳이 없을 만큼 김장은 우리나라의 대표적인 문화가 되었단다.

막걸리
쌀, 밥 대신 술이 되다

먼 옛날부터 지금까지 넘치는 사랑을 받아 온 음료가 있어. 콜라, 사이다 같은 탄산음료일까? 아니면 오렌지나 사과를 이용한 과일 주스일까? 사실 지금 말하는 음료는 바로 '술'이란다.

우리 조상님들은 삼국시대 이전부터 쌀을 재배해 왔어. 그들은 밥을 해 먹고 남은 쌀과 누룩으로 무엇을 만들지 고민하다가 다른 재료들을 넣고 발효시켜서 술을 담갔지. 이것이 바로 우리나라 전통주의 대표 주자 '막걸리'야.

막걸리는 특히 농민들에게 큰 사랑을 받았어. 힘들게 농사일을 하고 점심으로 나오는 밥과 막걸리로 끼니를 때웠다고 할 정도로 말이야. 가난한 농민들에게 싸고 맛있는 막걸리는 너무나도 소중한 존재였단다.

087 매사냥
맹수와의 특별한 교감

도시에서 매를 보기는 쉽지 않지. 아마 매를 직접 본 친구들은 거의 없을 거야. 하지만 옛날에는 매가 일상에서 쉽게 접할 수 있을 만큼 친숙한 동물이었어. 같이 사냥을 했을 정도니까 말이야!

매와 함께 동물을 사냥하는 행위를 '매사냥'이라 하는데, 매사냥은 놀랍게도 기원전 3000년에 시작되어 전 세계적으로 인기를 끌었다고 해. 우리나라는 고구려 때부터 매사냥을 시작했고, 삼국사기에 나오는 백제의 아신왕은 매사냥을 아주 좋아했다고 나와 있어. 그리고 일본서기에는 백제 왕족 주군이 오진 천황에게 매사냥을 알려 주었다고 기록되어 있지. 시간이 흐르면서 매사냥은 점차 왕족들의 놀이 형태로 변하게 되었어. 고려시대에는 충렬왕에 의해 매사냥이 매우 흥행했다고 해. 충렬

왕은 '응방'이라는 관청을 설치했는데, 응방에서는 매를 전문적으로 관리했단다. 그리고 매사냥을 전문적으로 다룬 책도 있었지.

　조선시대의 왕들도 매사냥을 즐겼지만, 점차 매사냥의 문제점이 드러나기 시작했어. 그건 바로 매들이 곡식을 훔쳐 먹는다는 거였지. 매에 의한 곡식의 피해가 많아지고 있다는 소식이 왕에게 들리자, 태조는 자식들과 신하들에게 매를 기르지 말라고 하였어. 태종 때에는 매사냥을 허가받는 '응패'라는 것을 만들어서, 패가 없는 사람은 매사냥을 할 수 없도록 했지. 허가를 받았다고 해도 만약 기르던 매가 곡식이나 사람,

동물에게 피해를 끼치면 응패를 태워 버렸대.

6·25 전쟁 이후 우리나라에서 매사냥은 거의 자취를 감추었어. 아쉽게도, 지금은 몇 명의 응사(매를 부리는 사람)들로 인해 겨우 그 흔적만이 남아 있을 뿐이야.

✤ 99퍼센트가 모르는 문화유산 지식 ✤

> 매사냥은 현재 유네스코 인류무형문화유산으로 등재되어 있어. 우리나라를 비롯해 아랍 에미리트, 몽골, 프랑스 등 세계 13개국이 공동으로 등재를 신청했단다.

088 봉수
옛날 옛적의 비상 연락망

부모님이나 친구에게 급하게 연락해야 할 일이 있다면, 어떻게 연락하는 것이 가장 좋을까? 맞아, 역시 휴대폰이지. 그런데 아주 오래전, 휴대폰이 없던 시절에는 급한 일이 있을 때 어떻게 연락을 했을까? 물론 예전에도 소식을 전할 수 있는 연락 수단이 있었지. 바로 불을 이용하는 거였어! 불을 이용해 급한 소식을 전달한 기구를 '봉수'라고 해.

　멀리 있는 백성들도 볼 수 있도록 봉수는 높은 산의 정상에 설치되었고, 평상시와 전쟁 상황에 따라 불을 붙이는 개수를 다르게 정했어. 그리고 봉수에 불을 피우는 역할의 병사를 항시 대기시켰지. 고려시대에는 봉수를 네 개로 만들어 위험도를 4단계로 정했단다. 불을 하나만 피우면 문제없는 것, 적이 보이면 두 개, 적이 고려의 땅을 밟으면 세 개, 적과 고려군이 부딪치면 네 개를 피우는 것으로 정했어.

　훗날 고려가 멸망하고 나라가 조선으로 바뀌어도 봉수 제도는 여전히 이어졌어. 오히려 그 임무가 더 막중해졌지. 총 4단계에서 5단계로 더

구체적으로 단계를 나눴고, 봉수에 불을 피우는 역할의 병사를 한 명에서 두 명으로 늘려 교대로 불을 피우게 했어. 재정비를 거친 봉수는 1단계와 2단계는 같고 3단계부터 의미가 바뀌었단다. 적이 조선 땅에 접근하면 세 개를 피웠고, 적이 조선 땅을 밟고 넘어오면 네 개, 적이 조선군과 싸우면 다섯 개를 피우는 것으로 정했어. 시간이 흘러 수많은 발명품이 나오고, 고종 시절에는 전보 통신으로 더욱 손쉽게 상황을 알릴 수 있게 되자 봉수 제도는 자연스레 없어졌단다.

089 씨름
엎어치고 메쳐라!

우리나라의 전통 스포츠라고 하면 가장 먼저 뭐가 떠오르니? 역시 가장 먼저 떠오르는 건 '씨름'이지. 현재 유네스코 세계문화유산에도 등재되어 있는 씨름은 깊은 역사와 유명세를 자랑하고 있어. 씨름이 정확히 언제부터 시작되었지는 알 수 없어. 하지만 4세기에 만들어진 만주의 고구려 고분 각저총, 5세기에 만들어진 장천 1호 무덤에 씨름을 묘사한 벽화가 발견되었기에 최소 삼국시대 이전부터 존재했을 것으로 추측할 수 있지.

으라차!!

깊은 역사를 가진
우리나라 전통 스포츠, 씨름!
많이 사랑해 줘.

씨름이 얼마나 인기가 많았는지는 조선시대 그림을 보면 알 수 있어. 조선시대에는 씨름을 소재로 한 그림이 엄청나게 많았단다. 특히 유명한 그림으로는 앞서 이야기했던 단원 김홍도의 작품과 기산풍속도가 있어.

씨름은 1920년부터 1990년대까지 70년이 넘는 긴 시간동안 전성기를 맞으며 전 국민의 사랑을 받았어. 하지만 외한 위기를 맞으면서 씨름을 후원하던 대기업들이 더 이상 후원을 하지 않았대. 그래서 1990년대 후반부터는 점차 인기가 시들어 버렸단다. 지금은 명맥만 이어가는 안타까운 상황이야.

혹시 등불을 띄워본 적 있니? 직접 해본 적이 없다고 해도 등불을 띄우는 장면을 본 적은 있을 거야. 많은 사람들이 모여 등불을 띄워 세상을 밝힌다는 뜻을 가진 행사가 있는데, 이 행사를 '연등회'라고 해.

연등회는 1000년이 훌쩍 넘은 유서 깊은 행사로, 신라 진흥왕이 다스리던 때에 시작되었어. 고려시대가 되자, 연등회는 사찰에서 여는 단순한 행사에서 백성부터 왕까지 모두가 즐기는 큰 행사로 바뀌었어. 정월 대보름에는 풍년을 기원하면서 궁궐에 연등을 밝히고 백성들이 사는 집에서도 연등을 밝혔지. 궁궐과 집집마다 연등을 밝혀서 밤이지만 낮처럼 밝았다고 해.

고려를 지나 조선시대가 되자, 조선은 국가에서 정하는 종교를 불교가 아닌 유교(성리학)으로 정했어. 그리고 불교의 행사인 연등회를 금지시켰지. 하지만 국가에서 공식적으로 연등회를 하지 않을 뿐, 작은 마을에서는 백성들끼리 연등회를 종종 열었어.

일제 강점기에도 연등회는 전국 사찰이나 마을에서 작게 열렸고, 광복이 된 후 1976년에는 여의도 광장에서 조계사까지 연등을 들고 걷기도 했어. 그리고 지금까지도 연등회는 흔히 볼 수 있을 만큼 우리 사회에 녹아들어 있지.

091 온돌 문화
따뜻한 겨울을 만들어 낸 지혜

겨울에는 방을 따뜻하게 해 주는 난방 시설이 꼭 필요해. 그런데 난방하면 또 빼놓을 수 없는 우리나라 전통문화가 있단다. 우리 조상님들의

지혜가 가득 담긴 '온돌'이지. 과연 온돌 문화는 언제부터 시작되었을까?

청동기시대부터 원삼국시대에는 부뚜막식 화덕으로 난방을 했는데, 여기서부터 온돌이 비롯되었다고 해. 우리나라 곳곳에서 원시적인 온돌 유적이 발견되었는데, 이로 인해 온돌은 오랜 시간 이어져 온 우리의 문화라는 것을 알 수 있지.

우리가 흔히 아는 온돌 문화는 고려 말부터 시작됐지만, 이때는 주로 돈 많은 귀족들만 사용할 수 있었어. 서민들은 온돌의 존재 자체도 모르는 경우가 많았지. 조선시대 초기에도 온돌은 양반들의 문화였단다. 후기인 16세기가 되어서야 겨우 초가집에서도 온돌을 사용할 수 있었어.

온돌은 방을 따뜻하게 해 주기 때문에 겨울에 추위로 떨지 않아도 된다는 장점이 있어. 하지만 단점도 있지. 온돌은 서양의 벽난로와는 다르게 연기를 바닥에서 순환시키는 방식이야. 그래서 잘못하면 일산화탄소에 중독되어서 죽을 수도 있고, 너무 오랫동안 온돌을 사용하면 집이 불에 타버릴 수도 있지. 그래서 1970년대에는 온수 보일러를 개발해서 집집마다 설치했고, 그 뒤로는 일산화탄소에 중독되어서 죽는 일도 점차 줄어들었단다. 사람이 죽거나 집이 불타는 일이 없어진 건 좋지만, 온수 보일러가 개발된 이후로 전통적인 온돌 문화는 거의 사라졌어. 하지만 온돌은 우리나라의 생활 문화와 건축에도 영향을 주었을 만큼 우리나라를 대표하는 문화였음이 틀림없어.

092 옻칠
소중한 물건을 보관하는 법

사람마다 소중한 물건을 보관하는 노하우가 있을 거야. 그렇다면 우리 조상님들은 오래 써야 하는 물건들을 어떻게 보관했을까? 예전에는 '옻칠'이라는 것을 했어! 옻나무에서는 옻이라는 진액이 나오는데, 이를 그릇이나 물건 표면에 발라서 오래 사용할 수 있도록 했지. 옻칠은 기원

반짝반짝, 반들반들~

옻칠은 벌레와 습기를 막아서
우리의 수명을 늘려 줘.

전 3세기부터 시작된 우리의 문화유산이야. 기원전에는 지금처럼 전문적으로 발달된 기술은 아니었지만, 벌레나 습기를 막아 주면서 물건을 더욱 오랫동안 쓸 수 있게 만들었어.

삼국시대에도 옻칠은 꾸준히 이어졌고, 철기시대가 시작된 이후에도 계속되었지! 어떻게 아냐고? 광주 신창동 유적에서 옻칠을 한 철기 유물이 많이 발견된 덕분이야.

그리고 옻칠을 전문적으로 하는 사람을 '칠장'이라고 하는데, 삼국시대 모든 나라가 칠장을 극진히 대우했대. 고구려의 경우, 나라에서 칠장들을 모아서 칠기를 만들도록 관리했고, 백제는 옻칠 문화가 널리 퍼져 있어서 너도나도 칠기를 썼지. 옻나무 재배에 관심을 보였던 신라에는 옻나무를 전문적으로 관리하는 관청이 있을 정도였어.

조선시대에는 관청이나 군대에서 칠기를 자주 썼고, 각 마을마다 옻나무가 몇 그루씩 있는지도 조사했다고 해. 칠기를 거의 사용하지 않는 오늘날과는 많이 다르지.

093 조선통신사
조선시대에도 외교관이 있었다?

조선시대에 왕이 일본으로 보낸 사람들이 있는데, 그들을 '조선통신사'라고 불러. 조선통신사가 일본에 가서 하는 일은 그때그때 달랐지만, 기본적으로 조선과 일본이 공통적으로 느끼는 문제를 해결하기 위해 노력했어. 대표적으로 왜구 문제가 있었지. 왜구는 대부분 일본인으로 이루어진 해적이야. 그들은 조선의 땅을 침략하고 식량을 빼앗을 뿐 아니라 일본 영주들과도 손을 잡고 활개를 쳐서 두 나라 모두에게 골칫거리였단다. 그래서 임진왜란이 일어나기 전까지 조선통신사의 주된 일은 왜구 문제를 해결하는 것이었어.

하지만 임진왜란을 겪고 난 후에는 의미가 조금 달라져. 전쟁 후의 조

선통신사는 임진왜란으로 인해 일본으로 끌려간 우리나라 사람들을 데려오거나, 일본이 또 다시 전쟁을 일으키려고 하는지 알아내기 위해 일본으로 갔어. 이렇게 몇 년을 반복하다 보니 임진왜란 문제도 많이 해결되었고 포로도 거의 데려올 수 있었지. 이후에는 일본의 국왕이 바뀔 때마다 그 자리에 조선통신사를 보내서 축하를 하는 식으로 바뀌었고, 서로의 문화와 지식을 공유하기 시작했대. 그 덕분에 일본의 문화는 크게 발전했고, 조선 또한 무역이 중요하다는 것을 깨달았어.

그러나 시간이 지날수록 조선은 더 이상 통신사를 보낼 필요가 없다고 판단했어. 그래서 마지막으로 대마도에서 몇 개의 책만 교환한 뒤 조선통신사는 우리나라로 돌아왔지. 이렇게 일본과 중요한 소통 역할을 했던 조선 통신사는 역사의 뒤안길로 사라졌단다.

치와와, 말티즈 등 세상에는 귀여운 강아지들이 정말 많아. 그중 우리 나라를 대표하는 개를 맞춰 보렴. 맞아, 충성심이 뛰어나기로 소문난 진 돗개야. 그렇다면 진돗개는 과연 어떻게 탄생하게 되었을까?

지금 우리나라에 진도라는 섬이 있지? 오래전, 석기시대에도 진도에 사람들이 살고 있었어. 그들은 개를 길렀는데, 섬은 육지와 멀리 떨어져 있었기 때문에 진도의 개들은 다른 개들과 교배할 기회가 없었대. 그래서 순수 혈통이 이어졌고 이후 진돗개라는 이름으로 천연기념물이 되었지. 그리고 법으로 진도군을 진돗개 보호 지구로 정했단다.

진돗개 보호 지구가 무슨 말이냐고? 진돗개의 혈통을 보존하는 땅이라는 뜻이야. 그래서 진도군 안으로 다른 개를 들여오게 하려면 여러 절차와 심사가 필요하고, 진도군 외의 지역에서 진돗개를 기르려면 진도군에 신청을 해야 해.

만약 진돗개를 너무 기르고 싶어서 진도군 안에서 진돗개를 기르더라도 까다로운 과정을 거쳐야 해. 진돗개가 성견이 되는 생후 6개월이 지나면 혈통과 표준 체형을 심사받아야 하고, 진돗개가 다른 품종의 개와 번식을 하지 않도록 주인이 통제해야 하지. 하지만 안타깝게도, 이렇게 많은 노력을 기울인 데 비해 진돗개의 순수 혈통이 잘 보존되고 있지는 않아. 현재 순수 혈통을 보존한 진돗개의 개체는 그리 많지 않은 편이고, 번식도 썩 활발하지 않지.

혹시 택견이라는 무예를 알고 있니? 택견은 우리나라의 전통 무술이자 민속놀이란다. 택견이라는 단어가 정확히 쓰인 건 조선시대야. '재물보'라는 백과사전에 개념과 설명이 등장하지. 원래 택견은 놀이에 가까웠지만 일제 강점기 시절부터 점차 무술로 인정받았어.

그런데, 다른 무술과 달리 택견에는 한 가지 독특한 점이 있단다. 바로 공격보다는 수비에 집중된 기술이 더 많다는 거야. 그래서 무술이라고 하기에는 부드러운 동작이 많은데, 이는 택견이 상대방을 다치지 않게 하려는 배려심 가득한 무술이라는 것을 보여 주지.

택견을 한번 배워 보고 싶다고? 태권도에 비하면 쉽게 찾아보기 힘들지만, 충분히 배워 볼 수 있어. 지금도 한국택견협회에서는 이 전통 무술을 계승하고 보존하기 위해 애쓰고 있거든.

096 한반도 속 풍수지리
좋은 땅일까, 나쁜 땅일까?

지금은 주변을 둘러보면 아파트와 건물들이 가득하지만, 예전에는 넓은 평야와 산 그리고 강과 계곡들이 주변에 가득했어. 옛날 사람들은 물과 바람, 햇빛 등으로 좋은 땅과 나쁜 땅을 골라냈지. '명당'이라고 불리는 좋은 땅에 선조의 무덤을 만들어야 후손들이 잘된다고 생각했기 때문이야.

그럼 어떤 방법으로 명당을 찾았을까? 아까 말한 대로 땅을 둘러싼 자연을 고려해서 찾았어. 이를 '풍수지리'라고 한단다. 풍수지리에서는 땅과 물에 생기(생명력)가 있다고 보는데, 이 생기는 산 사람과 죽은 사람 모두에게 중요해. 그런데 생기는 바람을 만나면 없어지기 때문에, 바람을 막아 주는 산과 생기가 흐르는 물 근처에 건물을 짓는 거야. 풍수

사방이 산이고,
아래에 물이 흐르니
저곳이 바로 조선의 수도!

명당

흠~ 개경만큼 괜찮군.

태조 이성계

태조 왕건

지리를 보는 방법에는 여러 가지가 있고, 그와 관련된 책도 만들어졌어.

풍수지리는 신라 말에 중국과의 교류로 들어왔는데, 통일신라가 멸망하고 고려를 세웠던 왕건(태조)은 수도를 정할 때 풍수지리를 아주 중요하게 생각하면서 정했어. 이후 조선을 세운 왕인 태조 이성계 역시 풍수지리에 큰 영향을 받은 사람이었지. 그래서 한양을 수도로 정하기 전에 풍수지리적으로 좋은 자리인가를 먼저 생각했다고 해.

오늘날에는 풍수지리가 미신으로 여겨져서 옛날만큼의 큰 힘을 발휘하지는 못하고 있어. 하지만 지금도 풍수지리는 우리 일상에서 많이 사용되고 있단다. 건물을 지을 때나 인테리어를 할 때 많은 사람들이 풍수지리를 근거로 선택을 하고 있거든. 풍수지리는 과학적 지식은 아니지만, 알아 두어서 나쁠 것 없는 지혜 정도로 여기면 좋아.

❖ 99퍼센트가 모르는 문화유산 지식 ❖

경복궁은 풍수지리적으로 아주 좋은 자리에 세워졌어. 북악산, 낙산, 인왕산, 남산 등 사방이 모두 산으로 둘러싸인 데다, 근처에 한강까지 흐르니 이보다 완벽할 수는 없었을 거야.

097 한복
색깔로 신분이 나뉘는 옷

이번에는 우리 민족의 전통 의상인 한복에 대해 알아보려고 해. 한복은 명절처럼 특별한 날이 아니면 잘 입을 일이 없지만, 정말 소중한 우리의 문화유산이란다.

고구려 때 만들어진 무덤에는 벽화가 있어. 그 벽화에 그려진 저고리, 치마, 도포 등을 통해 고구려 사람들도 한복을 입었다는 사실을 알게 되었단다. 또 삼국시대에는 옷에서 신분의 차이를 확실히 알 수 있었어.

한복은 시대와 계급에 따라 모습이 다양해!

깍!

왕과 귀족들은 화려한 옷을 입었고, 신하들도 계급에 따라 관복의 색이 달랐지. 덕분에 한복의 형태도 다양했다고 해.

조선시대 한복의 모습은 김홍도, 신윤복 등이 그린 풍속화를 통해 자세히 알 수 있어. 김홍도의 풍속화를 보면 양반과 백성들이 입은 한복의 모습이 비슷한 듯 달랐는데, 어떤 점에서 차이가 났을까? 바로 양반들은 백성들과 다르게 색이 있는 한복을 입었다는 거야. 양반 여성들은 저고리에 화려한 노리개를 달거나 무거운 가체를 쓰기도 했지. 이처럼 기본적인 한복의 모습은 신분의 차이 없이 모두 같았지만, 색과 장신구에 차이를 두어서 그 사람이 어떤 신분인지 알 수 있었단다.

098 한산 모시짜기
옷도 만들고, 돈도 벌고!

모시는 한산 모시가 최고,
모시짜기 실력은 내가 최고!

　지금 우리가 입고 있는 옷은 어디에서 만들었을까? 아마 대부분 옷을 전문적으로 만드는 공장일 거야. 그렇다면 옛날에는 옷을 어떻게 만들었을까? 지금처럼 옷을 만드는 공장은 없었지만, 모시와 베틀만 있다면 집에서도 충분히 옷을 만들 수 있었어.

　중요한 옷감이었던 모시는 우리나라의 한산(충청남도 서천) 지역에서 잘 자랐고, 그 덕에 한산에서는 모시짜기 기술이 발달하게 되었지. 한산 모시짜기는 하나의 문화유산으로 지금까지도 전수되고 있단다. 주로 가정에서 여성들이 모시를 짰으며, 자신의 기술을 며느리나 딸에게 전수했어. 그리고 옛날에는 한산 모시를 화폐로 이용하기도 했지. 덕분에 여성들이 자체적으로 돈을 벌 수 있는 기회가 마련되었대.

하지만 산업화로 인해 더 값싼 모시들이 많이 생산되었고, 한산 모시는 점점 설 자리를 잃고 말았어. 그럼에도 불구하고, 현재 한산 지역에 150여 명의 사람들이 계속해서 다음 세대에게 한산 모시짜기 기술을 전해 주며 이어가고 있어.

099 한옥
한옥이 사라진 이유

요즘은 아파트나 빌라, 주택에 사는 경우가 대부분일 거야. 하지만 우리나라에도 전통적으로 내려오는 집이 있는데, 그 집을 바로 '한옥'이라고 해. 한옥의 역사를 거슬러 올라가 볼까?

먼 옛날, 신석기시대에는 갈대·밀짚·볏짚 등으로 움집을 만들어 지냈어. 청동기시대부터 벽을 만들고, 집 안에 여러 개의 기둥을 세워

서 집의 크기를 키웠지. 이러한 형태의 집은 원삼국시대까지 계속되었고, 그 뒤로는 나무를 이용해서 만든 집이 등장했어. 삼국시대부터 움집의 모습은 사라지고 서민들은 나무로 만든 초가집을, 왕족이나 귀족들은 기와집을 지어서 살았어. 통일신라시대와 고려시대의 건축도 삼국시대와 비슷했지만, 집을 더 크게 만들고 여러 가지 색을 칠해서 화려하게 꾸몄다고 해.

조선시대 양반의 집은 하나의 집 안에 사랑채나 안방 등 여러 개의 방이 들어갈 수 있을 정도로 크게 만들었어. 그리고 법적으로 신분 제도가 사라지자 돈이 많았던 사람들은 양반이나 왕족의 눈치를 보지 않고 집을 크게 짓기 시작했어. 1800년대 후반에는 일본, 미국과 맺은 강제적인 조약들로 인해 외국의 문화가 들어왔지. 그렇게 우리나라에도 시멘트, 유리, 벽돌, 콘크리트 등으로 만든 서양식 건축물들이 생겨나기 시작했단다.

일제 강점기에는 우리나라의 전통 한옥이 많이 사라졌어. 이후로는 적은 공간에 사람들이 많이 살 수 있는 아파트나 빌라가 지어지기 시작했고, 결국 한옥은 점차 찾아보기 힘들어졌지. 비록 지금 한옥에 사는 사람들은 많지 않지만, 남아 있는 한옥들을 문화유산으로 지정하거나 한옥 마을로 지정하는 등 한옥에 대한 관심과 보존은 계속되고 있어.

100 해녀
강인한 여성의 상징

바다에 직접 들어가 해산물을 캐는 해녀를 본 적이 있니? 우리가 먹는 전복과 성게, 조개를 비롯한 해산물들은 사실 해녀들이 제주도 바닷속에서 따온 것일지도 몰라.

해녀들은 바닷속으로 들어갈 때 산소 탱크를 사용하지 않아. 그래서 짧으면 1분, 길게는 몇 분까지 잠수하곤 하지. 잠수를 하는 동안 해산

물을 캐서 올라오는데, 이와 같은 작업을 한 시간 동안 수십 번이나 반복하는 거야. 또, 옛날에는 가족들의 생계를 책임지기 위해 해녀로 뛰어든 사람들이 많았어. 그런 점에서 해녀는 '강인한 여성'의 상징이 되기도 했지.

최근에는 해녀들의 수가 많이 줄어든 데다, 평균 나이도 60대 이상인 것으로 밝혀졌어. 해녀의 역사가 사라지는 것을 막기 위해 제주특별자치도에서는 해녀 학교를 만들고, 전문적인 양성 교육을 하고 있다고 해. 해녀 지망생들은 교육을 마치고 '잠수어업증'이라는 자격증을 얻어야지만 바다로 들어가서 해산물을 캘 수 있단다.

어쩌면 해녀를 그저 하나의 직업으로만 볼 수도 있어. 하지만 20미터 깊이의 바닷속을 2분 남짓한 시간 동안 잠수하고, 추운 겨울에도 물질을 할 수 있는 정신력이 대단하게 느껴지지 않니? 해녀는 2016년 유네스코 인류무형문화유산으로 등재될 만큼 소중한 문화유산이 되었어. 게다가 해녀들이 작업할 때 부르는 '해녀노래'라는 민요도 제주도 무형문화재에 올랐단다.

❀ **99퍼센트가 모르는 문화유산 지식** ❀

요즘에는 고무로 만든 옷을 입지만, 옛날 해녀들은 흰 무명옷을 입었다고 해.

101 활쏘기
백발백중! 양궁 최강국의 비결

우리나라 양궁 선수들이 세계 최고 수준이라는 사실은 다들 잘 알고 있지? 올림픽을 보면 우리나라 선수가 금메달을 따는 모습을 쉽게 볼 수 있을 만큼 우리나라는 자타공인 양궁 최강국이야. 그런데 우리나라는 언제부터 활쏘기를 이렇게 잘했던 걸까?

　'활쏘기'라는 이름은 순수 우리말로, 고려시대와 조선시대 기록에서 확인할 수 있어. 우리나라는 화약의 발명과 수입이 늦었던 만큼 활과 화살을 주요한 무기 중 하나로 사용했어. 이는 곧 궁술이라는 무예의 발전으로 이어졌고, 신라시대에는 궁술로만 인재를 선별할 정도로 활쏘기를 중요시했단다. 그뿐 아니라, 매년 8월 15일 활쏘기 대회를 열어 우승하는 사람에게는 말과 비단을 상으로 주기도 했대. 또 조선시대에도 매년 3월과 9월에 전국의 무사와 사람들이 모여 활쏘기 대회를 열었지.

　이처럼 활쏘기는 아주 깊은 역사를 지녔어. 현재 우리나라의 전통 활은 아쉽게도 각궁만이 전해지고 있지만, 다른 나라의 활보다 훨씬 아름다운 외형과 뛰어난 정교함을 자랑하고 있어. 자, 이제 우리나라가 왜 양궁 최강국인지 잘 알겠지? 아마 호크아이도 우리나라에서 배워 간 것일지도 몰라!

시대별
문화유산
찾아보기

● 조선시대

101가지 쿨하고 흥미진진한 문화유산 이야기

1판 1쇄 인쇄 2022년 5월 20일
1판 1쇄 발행 2022년 5월 25일

지은이 한주, 윤지웅
감수자 최승규
펴낸이 이윤규

펴낸곳 유아이북스
출판등록 2012년 4월 2일
주소 서울시 용산구 효창원로 64길 6
전화 (02) 704-2521
팩스 (02) 715-3536
이메일 uibooks@uibooks.co.kr

ISBN 979-11-6322-073-2 43910
값 13,800원